SILENCE, ÇA TOURNE

FLORIAN PALERMINI

SILENCE, ÇA TOURNE

.

Edition : BoD · Books on Demand, 31 avenue Saint-Rémy, 57600 Forbach, bod@bod.fr

Impression : Libri Plureos GmbH, Friedensallee 273, 22763 Hamburg (Allemagne)

ISBN : 978-2-3225-7296-0
Dépôt légal : Avril 2025

Pour Béatrice

A vrai dire, ce n'était pas pour moi la première fois que je me sentais ainsi, dans cette simple mais incessante solitude. Quand j'y repense encore, elle ne m'avait jamais vraiment quittée. Et file comme le vent ma jeunesse éblouie par ces violents coups de lumières. Jamais dans ma vie je n'aurais pensé à ce moment si fatidique et présomptueux qu'est notre passage à l'âge du travail, l'âge de toutes mes pertes de connaissances. J'en étais apeuré à l'entendre dire, je m'en étais bien gardé et isolé dans mes retours au repos quotidiens. Que pouvait donc bien arriver à un garçon si têtu comme je l'étais. Pouvais-je vraiment avoir peur ? Ce monde qui me fascine tant, cette brise de chaque jour qui vient se déposer sur mes épaules, je n'en rêvais rien qu'en y pensant. Ne pouvais-je donc pas retrouver à mes jours perdus le goût si frétillant de ces moments qui ne durent qu'un seul instant ? Je me régalais à en parler, tout le monde m'écoutait. J'en étais si passionné que je retrouvais cette passion pour l'action qui me faisait vibrer de bonheur. Ce fut le véritable bonheur. A présent, mes journées ne retentissent plus de folies, même passagères. Et que restent à ceux qui m'en voulaient leurs idiotes péripéties. Sans prendre la précaution de les engager dans ma conversation, je percevais tout de même un regard, auquel je me tenais avec la plus grande attention de ne pas faire paraître ce soupçon de gratitude que j'avais envers lui. Quelle arrogance devait-il penser, devrait-il prétendre. Mes mots s'offusquaient devant moi, mes désirs relataient les vraies raisons qui me poussaient à agir ainsi. Qu'étais-je devenu ? Sans m'en rendre compte, je venais de perdre tout ce dont je m'étais permis de garder. Et ce petit homme en bronze, celui auquel j'étais tout de même destiné, où était-il passé ? Là, devant moi, je ne baissai pas les yeux, je ne faibli pas, je pris l'habitude de rester ainsi, fort soi-disant, mais pas vain. Cette circonvolution à laquelle je faisais face n'étais que mienne, si imperméable, mais si frigide ... Revenu de mes parcours insoupçonnés, me voilà prêt à prendre place dans cet endroit. Je m'assieds. Et percevant de ma chaise l'autre bout de l'endroit, je vis, pour la première fois, mon prince charnier. Immuable était-il, beau de ses propres qualités inchangées. Je ne trouvai pas l'inspiration, mais il m'en donnait d'une puissance incalculée, non calculable. Qu'allaient me sortir mes pauvres camarades à côté de cela, qu'allait-on penser ? Froid dit-il ? Dur, torride, ardu ?

Qu'étais-ce je vous prie, qu'est-il ? Prends le temps, éloignes-toi de tout soupçon, tu n'étais rien, ni personne, pour juger ce dont tu devais faire face. Alors il prit la voix, mis le paquet, rendu l'âme. Je visionnai avec eux ce qu'aucun autre ne visionna avec moi. Peur, il n'en était plus question. Fier de mes observations, on me jugea, on n'entreprit aucun espoir pour une personne tel que moi. Et puis, le temps s'écoula, lent, libre, fut-il également. Je ne perdis la tête, peut-être était-ce mon cœur, l'âme qui s'adonnait à me rendre vivant. Non, je pris le chemin de l'espérance, on me retrouva non loin de mon corps, un peu perdu au loin. Tu es là, me disait-il. Je pris cela comme une question, bien sûr que j'étais là, où voulait-on que je sois ? Je ne pouvais me perdre une deuxième fois, je ne devais disparaître, je me l'étais promis. Que venait-il faire ici encore celui-là ? Monsieur ... comment déjà ? Vous ? M'a-t-on dit une seule fois de venir vous parler ? Mais que dis-tu enfin. J'appréciais fortement cette volonté de me dénuer de toute infortune. Prenez le temps, et je le pris. Et je perçu son sens, son réel sens non difficile pourtant, de me qualifier d'ingrat, et pourtant, oui j'étais bien là, assis à cette place qui m'appartenais, au moins pour un instant, dans cet endroit.

Qu'allait-on me dire ? Monsieur, vous devez prendre conscience de qui vous êtes réellement. Qui je suis ? Mais qui est-ce que j'étais, à vrai dire ? Peu m'importe cette signification, je ne voulais pas de nom, j'attendais impatiemment mon action. Celle qui allait changer ma vie, son cours pour le peu instable, à jamais, tombé dans l'océan. Alors je voulu essayer, prendre conscience, elle me l'avait dit pourtant, mais qui j'étais, moi je n'en étais pas sûr. Je lui ai fait confiance, je lui avais tout donné, mon passé, mon avenir. Mon présent, je ne pouvais lui fournir. Elle qui n'en demandait pas tant, je lui avais pourtant laissé beaucoup, beaucoup trop. Elle m'appelle, elle me dit que je ne peux pas, il faut que je fasse, il faut sortir de mes obsessions. Peur, que t'avaient-ils donné ceux-là encore ? Dis-moi, raconte-moi ton malheur, celui qui te soutient pour le moins, pour le peu. Monsieur, vous n'en avez pas l'obligeance, le savez-vous ? Que de belles paroles, que de mots, encore, pourtant c'est bien toi qui m'avais dit de tout essayer, de faire n'est-ce pas ? Que faire maintenant ? Tu l'avais juré. Mais on ne jure pas, c'est comme ça, on ne promet rien, on planifie simplement nos intentions, on les partage au mieux. Tu voulais quelque chose n'est-ce pas ? Qu'attendais-tu ? Ma confiance, ma pleine confiance ? Abstiens-toi, c'est tout ce que je te donne. Moi je ne te promets rien, et pourtant, je te donne tout. Le vois-tu, ton prince ? Était-il réellement là aujourd'hui ? Lorsque tu m'as parlé, tu étais la seule à avoir pris conscience, toi, tu t'en rendais compte n'est-ce pas ? Il me suffisait pourtant, simplement, de dire non. Qu'il en veuille ou non, moi j'avais pris ma décision, il était trop tard. Et je le croyais, je croyais tout ce que tu me disais, je perdais tout contrôle de moi-même, si seulement j'en avais eu un. Tu t'apitoie sur ton propre sort, voilà ce qui t'arrive, et cela, tu le mérites amplement. Alors je le méritais, ainsi je ne pouvais me contrôler, sans pour autant éviter de trop faire confiance, au contraire, et je n'en prenais toujours pas conscience. C'est vraiment incroyable ton histoire chéri, tu devrais la publier, tu ne penses pas ? Non, encore une fois, je ne pensais pas. Au moins, gardes-la en mémoire, comme ça, si un jour tu ne te rappelle plus de rien, tu auras au moins ça à faire, pour le peu qui te reste. Mais que me restait-il ?

Encore, et encore, et encore. Je n'en pouvais plus, je le laissai, seul, une fois ; puis deux, puis trois ... Très bien, je le décide moi-même, car j'en avais pris conscience, sans m'en rendre compte, et pourtant je le savais. Ce n'étais pas terminé. Il devait y avoir une intrigue, quelque chose d'exceptionnel, pour le moins. Je ne peux m'en résoudre, il devait de toute manière frapper par ici. J'en étais certain. Incroyable pour quelqu'un comme moi, tu ne trouves pas ? Si, bien sûr, je suis de tout mon cœur et de toute mon âme avec toi. Et puis ... plus rien. Je ne m'étais perdu dans cette nature sauvage, je le sentais, quelque part, quelque chose survint. Je vis alors pour la première fois cette immense maison. De la taille d'un manoir bien vivant, mais pas effrayant. Il pleurait sur les gouttières, mais sa virilité, était-ce d'une force, jamais je n'en avais vu de pareil. Encore plus grand qu'un manoir. Il avait de longues colonnes d'un or vif qui le soutenait, impunément, sans rien en échange. N'est-ce pas magnifique de voir ces champs labourés tout autour ? N'était-ce pas radieux ? Moi, moi et encore moi, je le voulais. Tout au loin, on pouvait l'apercevoir, il était d'une raideur insolente. Cet arbre. C'était un cèdre, si je m'en rappelle bien. D'une centaine d'années je dirais. Lui aussi, je le voulais. Il m'était en quelque sorte destiné. Je suis bien d'accord avec vous, ce plan n'était pas forcément parfait, mais il m'aidait, tout doucement, à oublier mon insouciance qui elle-même m'avait poussé à en avoir envi. Trêve de plaisanteries. Je dois partir, et sur ce, je vous dis bien chaleureusement, au revoir.

Et que devait-on penser à présent ? Cela faisait des heures que je ne m'étais pas relevé de ce fauteuil. Mon cœur, je suis là. Oui, elle était bien là. Je prie pour qu'il ne t'arrive rien, toi qui as tellement peur de tout. Mais que crois-tu ? Et dans ces moments-là, une joie s'installe, elle qui tend à disparaître de mes humeurs, elle était si présente en ce jour. Vraiment, je ne pouvais plus rien dire sans qu'elle ne m'agite. Et c'est à ce moment que je pu réentendre un chéri, si pure, si éclatant de cet amour qui se propageait en moi. Tu penses que nous pourrions réellement faire ce genre de bêtises ? A ton âge ? Mais que me disait-elle ? Où étais-je ? Donc, cela paraît un peu exagéré, je trouve. Je médite, encore une fois. A tourner en rond, j'aurais cru valser, telle la musique qui m'emportait et pris de ce fait tout mon corps en otage. Vraiment, je devais penser à ce moment, au tout début, mais qu'était l'incipit de cette histoire. Personnellement, je la trouvais navrante. Et c'est à ce moment-là, bien à moi, que je me rendis compte. Où étais-je ? Monsieur ? Mais ce n'étais pas moi, que crois-tu ? Arrêtez de me regarder comme cela enfin, qui êtes-vous ? Moi ... Cela résonnait dans ma tête, ce son, ce moi. J'ouvris les yeux, je perdis connaissance, je me rallongeai sur mon lit. Lorsque je m'étais levé, je n'étais plus dans ce rêve, tout avait disparu, sauf une seule chose, bouleversante à vrai dire, encore une fois. Sur mon lit ? Sur le pas de danse ? Avec ma chérie, dansante, seule ou avec moi ? N'allez pas me dire que, non ce n'est pas possible. Lorsque vous ouvrez vos yeux, Monsieur, vous n'êtes jamais sur un piédestal, mais à mes jours perdus, j'ai pu comprendre votre impertinence, n'était-ce qu'une simple question de position. Vous y êtes n'est-ce pas ? Moi ? Où étais-je ? Je viens de vous le dire, sur votre siège.

A avoir trop souvent raison, je me perds parfois, j'en suis souvent offusqué. Mes peurs et mes peines, quelles sont leurs réelles émotions ? Ne t'handicapes pas à essayer, mais à faire les choses sans y croire, j'y suis arrivé, trop souvent sans y arriver pourtant. Assieds-toi mon ami. Bien, je le fais. Par quoi commence-t-on ? Peux-tu me le dire ? Alors ? J'attends … Je dirais, démarrer la voiture. Parfait, mets les clés sur le contact. Tournes. La vois-tu ? De quoi me parlez-vous monsieur ? Enfin, la pédale, sur laquelle je pose mon pied. Bien, très bien. Continuons. Ensuite ? On change le levier de vitesses, n'est-ce pas ? Fais-y bien attention, tout de même. Ne te trompe pas de levier. Enfin, monsieur, c'est un peu prématuré. De quoi me parlez-vous jeune garçon ? Vous n'écoutez pas ce que je vous dis ? Bien sûr, peut-être même trop, je m'en excuse d'avance. Bien. Alors allons-y, recules. Mais, comment faire, et les pédales, comment les manier ? Oh, ça tu l'apprendras en y travaillant, il faudra te mettre à l'œuvre mon petit n'est-ce pas ? Et quel est ce petit bruit qui résonne encore une fois dans ma tête ? Cette source de plaisir, cette montagne de glace, je la voyais, je l'entendais, elle, qui grondait. Mais je suis seul, à présent, seul, rien que moi. Avec mes réflexes, j'oublie parfois que mon cœur aussi sait parler. Est-ce que je l'écoute ? Le devrais-je ? Ah bon ? Cela me rendait perplexe, je ne puis me résoudre, je fuis en moi, je pleure de toutes ces images, insolentes parfois. Mais que choisis-tu ? Le peux-tu réellement ? N'est-ce pas ? T'éloigner de tous soupçons encore une fois. Le voilà, le personnage, si faible, si répugnant. Lequel ? Plaît-il ? A quoi donc jouez-vous ? Ne m'entendez-vous pas ? Monsieur, il faut vous résoudre. Soit vous avancez, soit vous sortez. Mon père lui, ne savait le manier. Un petit coup de volant, et le revoilà sur la route, comprenez-vous ? Mais de quoi me parlait-il ? Je ne pouvais comprendre un seul mot de ce que me disais ce chauffard. Qui était-il, pour gâcher ma vie ? Qui ? Peut-être était-ce moi ? Regardais-je trop à droite, était-il trop à gauche ? Lorsque je roule à droite, me fait-on signe de ralentir ? Mais je n'en pouvais plus. Et mon fauteuil, si douillet, oui je m'en souviens. Pouvais-je alors me réveiller ? Encore une fois, était-ce un rêve ? Ma vie ne s'améliore vraiment pas parfois. Mon cœur se remplit. Mais, chérie, était-elle déjà rentrée ? Où était-elle passée ? Chérie ! Te voilà enfin. Je t'attendais, viens vers moi, tu m'as manqué tu sais ? N'ai pas peur, vu que je suis là. Mais moi, que me reste-t-il ? Tu le crois cela ? Oh que non. Car encore une fois, j'étais seul, oui, bien seul. Et même avec toi, le plaisir n'est pas à son paroxysme. Tu me manques tu sais ? Je le sais, comme tu le sais, et je ne suis pas, si jamais avais-je une seule fois été là.

Bonjour, oui, oui c'est bien moi. Vous rappelez-vous ? Si, Monsieur que je suis. Bien évidemment que je m'en rappelle, vous avez été l'un des meilleurs. Le meilleur qu'il soit, dans ma catégorie, la meilleure, encore une fois. Bien sûr, oui, je me rappelle. Mais qu'êtes-vous devenu ? Insouciant que vous êtes. Êtes-vous heureux au moins ? Pour le peu que je m'en rappelle, il me semble bien que je le sois monsieur ? Et vous, l'êtes-vous toujours ? Quelle question, d'une évidence celle-ci aussi, à vrai dire. Je vous la pose tout de même monsieur, êtes-vous heureux ? L'avez-vous toujours été, oh oui, vous le montrez bien. Cachez-vous donc quelque chose ? Cela est peu probable. Je vous assure. L'étude dont j'ai pu me faire part il y a peu de cela, indiquerait, sans grand vous mentir, que le bonheur, le véritable, cacherait beaucoup de souffrances. En faites-vous parti monsieur ? Alors ? Pourquoi ? Mais c'est que j'apprécie votre compagnie, je me soucie de vous enfin. Vous ne le croyez toujours pas ? Comment voulez-vous que je sois le meilleur, si lorsque quelqu'un ne va pas bien, je ne le remarque même pas ? Ah bon ? Vraiment ? L'ai-je remarqué ? Vous aussi ? Et pourquoi maintenant ? Vous êtes en face de l'acte accompli et libéré au grand jour. Je comprends. Et lorsque vous étiez en position de supériorité ? Vraiment ? Votre travail ? Mais ne serait-ce pas celui-ci aussi ? Enfin, vous me décevez. Si vous l'aviez remarqué, alors pourquoi vous en êtes-vous caché ? Vous ne le savez pas ? Mais moi, peut-être que je le sais. Ah bon ? Pardon ? Mais de quoi ? Votre absence ? Mais vous n'existez pas monsieur. Vraiment ? Oui vraiment. C'est tellement dommage ne trouvez-vous pas ?

Je pourrais en passer de bien plus belles et désagréables. Oui, je suis au courant. Quand j'y pense, j'étais si joyeux durant cette période. Cet instrument d'une beauté remarquable à l'œil nu. Ce fut une extase à ce moment. Je perdis les sens, de les utiliser trop en même temps, durant un si faible instant. Ils étaient plusieurs, ils formaient une famille. Je pris la précaution de ne laisser les fenêtres de mon esprit qu'entrouvertes, pour ne faire passer que les sons que révélaient ces quatre instruments de tailles bien différentes. Ils pénétraient en moi. Je les laissai faire sur le moment. Puis, quand vint la fin, je pris une décision, celle qui allait changer ma vie à jamais. Plus tard, c'est moi, qui pénètrerai à l'intérieur des gens, pour leur laisser paraître ce petit sentiment de bonheur qui agit sur notre esprit, le rend joyeux, et habile. Mais je n'en serais que l'auteur, évidemment. Peu importe qui vous pénètre, si la musique vous plaît, alors elle vous fera danser, sans exception. Quel son, d'une pureté resplendissante. Je le vois, il me traverse, je le lui renvoie. Et quand mes oreilles s'effondrent, c'est mon corps tout entier qui subit ce tremblement. Alors je chavire, et vous avec moi monsieur. Vous êtes ? Peu importe qui vous êtes. Vous traverserez la tempête en ma compagnie. Loin du rivage, les eaux commencent à s'agiter, elles-mêmes chavirent. La cause, ce fut bien ce que je tentai de chercher, de trouver, on l'espère. Que peut-on trouver dans l'océan, mis à part les bribes insignifiantes de paroles en l'air ? Aller en profondeur, me diriez-vous. Ah bon ? Le feriez-vous, si vous étiez à ma place ? N'en soyez pas si sûr. Mon personnage le fera, pas vrai Monsieur ? Bien sûr, évident tout de même. Traversons ensemble cet océan. En ma compagnie, on ne peut s'ennuyer de trouver le monde ennuyeux. Que de vains sentiments que vous me fournissez Monsieur, est-ce insurmontable ? Vous qui êtes l'effigie de votre propre malheur, me donnerez-vous quelque chose en échange ? Je ne le crois pas. Visant à vérifier tout ce qui se trouvait autour de moi, je m'aperçus que rien ne partageait l'océan où je m'étais installé, rien autour de moi. La solution, la voilà, sombrer dans les profondeurs, là où le monde qui se créait se perdait dans la douleur, celle dont j'alimentais moi-même le processus, la douleur que j'avais sans m'en rendre compte, créée de toute pièce. Lorsque l'on s'enfonce dans les abysses de mon âme, ma vie, la soif de Monsieur, la peur surtout, la douleur n'est que le mélange d'une prouesse métapsychique. Oui j'étais fort, fort pour me faire du mal, et là, le soupçon, il revint, en face de moi, il s'enfuit. Cette tendre mélodie qui sommeille en moi ne s'avérait être que le facteur qui reliait tout ce dont cette profondeur cachait de moi. Se cachait-elle de moi ? Alors monsieur vint me repêcher de cet océan amer, me remonta sur le navire, et repris cap vers le rivage que l'on avait laissé sombrer lui aussi. Perdus, nous étions réellement perdus. Ces esprits frivoles qui me considéraient, cet esprit s'envole loin dans une forêt, que monsieur encore avait imaginé. Je compris, tout de suite, l'impact de cette décision. Je me relevai, je descendis les quelques marches qui me séparait de mon lit, et me réveillai. Retour au silence interne externe qui me sépare de la nuit, seul, j'avais ébloui le monde qui me paraissait si sombre. A quelques pas d'ici, le vent s'estompe un petit peu. La tempête avait complètement disparue. Je revois encore le visage de celui qui me permis de garantir la beauté à mon instrument, celui qui m'avait perdu, encore une fois. La pénombre, il en faisait partie, lui aussi. La pénombre, ils étaient plusieurs à la façonner. Je vois, je sens, je perçois, et à présent, j'entends. Cet océan où je m'étais envolé, lui seul me permet d'exister. Que les âmes soient présentes ou absentes, elles façonnent cette pénombre, fine de leurs évolutions. Elle-même me pourchasse, mais pour mieux la manier, je préfère encore y aller. Là-bas, loin devant l'espérance, elle me fait signe, je prends le nécessaire, et revient dans le monde réel. Seul, je ne peux y parvenir, à plusieurs, elle ne peut m'appartenir, en aval, elle déverse son désespoir. Alors je monte, jusqu'en haut, pour voir de mes propres yeux ce dont personne ne voit, et je crée cette mélodie, si mélancolique, et si jolie. Lorsque tu l'entends, je ne suis plus là, lorsque tu me vois, je ne suis plus moi.

Au fin fond de mes mots je perçois cette lueur qui brille et illumine mon esprit. Sans en prendre conscience, je pense que je faibli, du moins, un peu. Fier de ce que j'ai vécu, mon soupir vient de s'étaler sur la fenêtre rayonnante de ce monument insolent. Nappée de couleurs, la lumière peut la traverser. Le jour, lorsque je suis en bas, regardant de haut, je vois cette vitre. Je me retourne pour prendre de la distance, je me détourne parfois de mes plus grandes peurs. Quelles sont-elles ? Quelle singerie de devoir rappeler à mon cœur sa bêtise la plus grande, ses absurdités les plus folles. Suis-je vraiment fou ? Monsieur, je ne le pense pas, moi l'égo de votre cœur ne dirais jamais à votre esprit ce qu'il ne saura pas. Pense, et repense à toutes ces violences. Non lamentables, ils viennent à s'éblouir devant des vitraux qui ne recouvrent que leurs infidélités. Penser au moins une chose qui ne soit pas lamentable ? Ce lieu, sans hésiter, si peu fréquentable, trop peu fréquenté. Que vouliez-vous qu'il se passe ? Alors un beau jour, une belle nuit, recouvra le toit de ce monument. Que restait-il ? Un soupçon de lumière ? Aucunement, j'espère, devrions-nous contempler ce dont personne n'a le droit d'aimer. Et lorsque je me retourne, plus rien. Je vois de l'or, je vois la beauté incorrigible des lumières scintillantes. Mais là, je perds la vue, les sens, la perception de mes sentiments qui s'efface, pire que la pénombre, le néant. Non loin du vide intersidéral, là où je ne suis pas, je n'ai jamais été, n'est-ce pas ? Plus que merveilleux, l'histoire sans fin, mais sans début, de ce monument insipide. Mais pourquoi tant de haine Monsieur, ce n'est qu'un monument. Non monsieur, si le monument n'était fait que de pierres, alors sa destruction ne serait faite que de haine. Est-ce le cas ? Lorsque tu vis dans ta maison, n'y vis-tu que pour dormir ? Donnes-tu un sens à ces pierres façonnées pour toi ? Tu peux perdre le goût du chez-toi, mais tu ne perdras jamais le goût des images, car celles-ci n'ont pas de saveurs, elles sont donc insipides, comme ce monument. Lorsque ma volonté se concentre sur l'allure des personnages, je ne critique en aucun cas ces derniers. Mais si je veux frapper au bon endroit et au bon moment, alors je laisse le temps faire son œuvre, le goût faire son choix. La difficulté qui m'est importante, prétendument de prendre des risques, ne risque pas plus d'augmenter mon choix d'en proposer de nouveaux. Et puisque je figure sur le marbre et les murs de cette figure, je promets de disparaître non loin de la clé qui l'a pénétrée. Ce vitrail d'une beauté incessante et qui m'ébloui, je le quitte, je le garde en moi, pour berner ceux qui m'irritent.

Pris dans ce débat incessant qui est le mien, je ne faibli pas. Je me regarde, souvent, pour tenter de voir en moi ce qui représenterait une éventuelle réponse. Mais que cherche donc un si jeune garçon dans les fins fonds des ténèbres, aurait-il égaré son silence ? La vie est faite de joies toutes aussi éphémères qu'elles le soient. Pour répondre à ce tracas, je prends ma destinée en pleine face, puis-je simplement lui faire face ? Ce que j'attends ne se retrouve pas dans mes pensées, lorsque tu crois t'être retrouvé, la peur ne te rend pas plus fort, ne te rend pas plus faible. Si je tentais simplement de résister à mes souffrances, je ne peux cependant pas rassasier tous mes sens. L'unique goutte de cette essence, émerveille en moi mon paradis perdu. Je le retrouve sur le moment, et comprends mes faiblesses, la maladresse de mes contemplations. Pourtant, je ne faibli pas. Serein, je ne le suis pas. Vain, je ne le peux pas. Alors que reste de ces cendres, la fumée opaque qui cache la lumière. Cette dernière qui l'éclaire cependant. Il est fort aimable de votre part de vouloir aider un petit homme en bronze, mais sa stature ne le lui permet pas. Cesser tout effort qui ne rime pas avec loyauté, si réprimandé qu'il était. Fut-ce toujours celui qui voulait ce dont il cherchait. Mais son visage, il ne peut plus le quitter à présent. Enfermé de par sa propre volonté, rétrécissant ses sens, son unique part de bonté. Tu l'es. Monsieur, êtes-vous toujours accablé par ce sentiment ? Lequel ? Celui de la peur, celui de la mort ? Que pensez-vous de tout cela monsieur, vous peut-être, vous le connaissez ? Je ne saurais dire ce dont il se passe à l'intérieur de sa majesté, mais mon unique souhait, je peux vous le partager. Savez-vous qu'est-il devenu ? Le chéri tant attendu ? Il fuit son destin, mais jamais sa destinée. Il a repris de l'allure, car moi et moi seul, oui, l'ai-je perçu ? Qu'était-ce donc devenu, qu'étais-je devenu ? Ne le prenez pas mal Monsieur, mais votre heure si attendue, elle s'impatiente à présent, je l'ai moi-même entendue.

Mais si faible, si chevronné pourtant, qui suis-je monsieur, tu me le dis ? Regarde autour de toi, que vois-tu, de la maladresse, de l'insouciance, de l'impertinence ? Mais qu'est-ce cela ? La seule et unique vérité, je suppose. Vous n'êtes rien de tout ça, simplement, si vous vous rendormiez, atteindriez-vous peut-être ce niveau si faible de pensée, autour de vous les autres, vous pensez. Comprenez que la seule raison qui vous pousse à en redemander n'est autre que la personne dont vous-même vous percevez l'existence. Mais je n'en veux pas, moi. Oui, c'est bien cela, vous Monsieur.

J'étais effronté. Pour la première fois de ma vie, mon cœur s'arrêtait. J'avais peur, peur non pas de la mort, peur de la vie. Qu'allait-il advenir, qu'allait-on me dire ? Monsieur, est-ce réellement vous ? Comment cela se fait, comment Monsieur ? Je devais me laisser aller, je devais subvenir à mes envies, si ce n'est qu'une simple volonté. Que faire, je sentais en moi quelque chose, cela venait de l'intérieur, cela s'agitait, je ne pouvais penser. Résister, résistes, résisterons-nous, n'est-ce pas ? Oui, monsieur le professeur, je vous le garanti. Comment peux-tu croire que tu te serais laissé berner par ton propre esprit, ne t'est-il pas familier ? Hilarant, je ne pouvais qu'avoir honte d'une telle sottise. Mais qu'il advienne ainsi, alors je pars, loin d'ici. Oui, je lui avais tout partagé, à lui aussi, mais tant pis, c'est la vie je dirais, lorsque je ne sais quoi dire. Pourtant, je l'avais bien senti, cette émotion, c'était bien plus fort que ce dont il me racontait. De loin, on ne pouvait imaginer. De près, on ne pouvait l'imaginer. Tout au long de cette souffrance, tout ce bonheur aussi, il me traversa le corps, me fis me lever, sans que je n'aie rien demandé. Et que celui-là en croit ou pas mon histoire, elle était bien vraie, pourtant, je la lui racontai, il le savait, il dénigrait tout. Le faible, il n'y en avait qu'un, et un seul, celui qui n'avait pas résisté, celui qui était resté vain, mais non, pire que cela. Monsieur y a-t-il une fin ? Eh bien écoute, je n'étais pas parti, du moins pour le peu de temps qu'il me restait, j'eut voulu le croire. Je me retournai, il était lui-même parti. Ma faute ? Laquelle ? Je lui avais tout raconté, et voilà qu'il s'en était allé. Bien, mon corps résiste sans que je ne lui ordonne quoi que ce soit, j'ai peur, pourtant je vois tout, de mes propres yeux, monsieur. Et c'est à ce moment que je repense, tout en haut de la falaise où je m'étais perché. Je le vis, se dandinant, si lâche qu'il était, mais cela je l'avais bien compris, n'était-ce que sa simple et faible destinée, tant pis pour lui. Vous retournez-vous encore, que se passe-t-il ? Je reste immobile, en haut de cette falaise, la vue sur l'océan, le pacifique mais lointain plumage de cet oiseau était tout de même resplendissant. Lui, je connaissais son sentiment, l'émotion qui lui traversait les ailes. Il n'était pas fort, il était serein. Voles, oiseau voles, oiseau frôles, cet air si pur, si mature, tu l'étais.

Ce pas de danse, je le connais. Cette douce musique, je la connais. Ce petit morceau de viande, je l'adorais. Ce repas si élégamment préparé, je l'aurais fait de mon plein gré, tu le sais. Mais la passion n'arrive jamais par hasard, jamais par peur, jamais pardon. Regarde à présent, tu vois que tu n'es plus seul, prépares-toi à manger, reprends des forces, tu en auras grand besoin. Ce matin, je ne peux pas être à tes côtés, alors on se dit à ce soir, au revoir mon chéri. Vide, la cuisine était vide. Je reprends mon souffle. Que devais-je faire à présent, me souhaiter la bonne année ? Ne te rappelles-tu pas ta promesse ? J'y vais alors, je rentrerais ce soir. La journée devient longue si tu ne lui donne pas tout le sens qu'elle mérite. Alors, alors ? D'accord, je suivrais le chemin des amandiers, j'irais prendre des nouvelles des personnes âgées du bas-côté, je ferais le tour du village s'il le faut, pour le moins, pour le peu. Superbement préparé, à l'effigie de cette science sans égale, d'un niveau architectural non basique, un peu biaisé. Mais cela ne compte pas, n'est-ce pas ? Oui, sans doute, alors je rentre. Le marché est fleuri, je pense que la cuisine devrait se préparer à l'embarras de son choix indéfectible de légumes. La soupe est sans doute un des moyens les plus pratiques pour traverser cette saison sans bruler. Je me sens comme frêle à l'intérieur de mon corps. Cette saleté de maladie, dis donc. Je comprends bien que vous l'ayez laissée de côté, cette musique qui revient tout d'un coup, sans prendre le temps d'annoncer sa venue. Laissons ce que le temps a si hâte de faire. Je reviens alors enchanté, les légumes à la maison. Mais que faire alors de ces personnes âgées ? Au revoir tatie, au revoir tonton. Je n'ai besoin de perdre la tête pour le moment. Que de belles contemplations aujourd'hui, dans une vie plus qu'épanouie, et oui, tu la sens venir, l'histoire interminable du paradis. Serait-ce l'enfer paradisiaque, faisant du paradis un enfer, ou inversement ? Je vois dans ces yeux, quand il arrive, au retour à la maison, je comprends qu'en son nom, je ne peux plus m'ouvrir. Du calme, ne te rappelles-tu pas l'histoire de la viande passée dans les faits divers ? Non, laquelle ? Amour, reconnais la musique, rappelles-toi de cette danse, durant laquelle tu m'avais pris en silence.

Je reviens d'un échange assez fleuri avec ma grand-mère. Comment puis-je lui annoncer le côté éphémère de ses pensées bienveillantes ? Entendre une fois, puis deux, puis trois, puis ... Non, mais je la laisse faire, je souris de mon plein gré à la légèreté de telles paroles, si puissantes cependant. Lorsque je traverse le manoir, celui-ci paraît si paisible au premier regard. A qui le dis-je, vous posez-vous cette question ? Eh bien il n'y a qu'un seul regard possible voyez-vous. Que cela renferme-t-il ? Rien du tout. Je prends plaisir de voyager ici, dans un si tendre hameau bercé par la tendresse, je m'estompe alors un moment. Le paysage ici est familier. Pas de bruit, pas de cataclysme quotidien. Non, rien ; vraiment rien. Une finesse se dégage de cet endroit. Je ne peux le retrouver autre part. Doucement, en veillant à garder ma vision intacte jusqu'à l'arrivée à l'escalier. Chaque marche produit un choc dans tout le reste de mon corps, chaque pas, chaque son qui s'en dégage et qui me frappe de la sorte laisse en moi cette mélodie si parlante. Je peux l'entendre, elle est là, sans jamais pouvoir m'atteindre, c'est moi, qui la rejoins. Elle n'est pas insignifiante, même pas agressive, cette musique, elle possède un seul destin, celui d'être présent à chaque fois que quelqu'un veuille bien lui en donner le rythme. Ces tintements résonnent ensemble, un seul tintement se démarque de cet orchestre, le tintement final, le plus aigu. Si fin, on peut l'entrevoir parfois, recouvert de bronze, il est toujours présent, mais qu'on le veuille ou non, il sonne au gré des chansons. Lors de la période festive, je peux même l'apercevoir, et … Ding, le bruit de ce son, c'est celui qui vous reste, à jamais. Ayant traversé ce gouffre, tous les risques étaient permis. Je me retourne, et revoilà la falaise, si haute et si paisible. N'était-ce qu'un rêve ? Balivernes, je vous dirais une seule et unique chose Monsieur, vous êtes arrivé. Si sombre, dans la nuit, si calme, dans le jour, et j'oublie, je m'oublie, un peu. C'est quand je ressens cette force en moi que je pense, pour la toute dernière fois, n'est-ce pas ? Lent, les souvenirs sont lents, ils prennent tout leur temps, c'est le temps qui leur appartient. Je veux rêver dans les souvenirs, ils sont fragiles, mais m'obligent à utiliser ce temps dont je suis prisonnier. As-tu peur ? Mais, mais de quoi ? Monsieur, vous savez, je connu cette peur, mais lorsque vous l'avez en vous, je ne me sens pas rassuré. Car lorsqu'elle pénètre en moi, je ne suis plus tout à fait l'ego, mais uniquement vous, vous pouvez le ressentir. Et qui parle donc ainsi alors ? Mais c'est vous, Monsieur.

Je repris mon souffle. Je m'étais tout à coup transporté dans un pays lointain, source de mon inspiration si présente qu'elle se méprenais parfois. Le calme emportait avec lui toutes ses plus belles prouesses. On ne peut qu'être ébloui par l'aspect si réel de notre pauvre imagination. Ne doutez cependant en rien à la véracité des images qu'elle vous transmet. Vous n'êtes pas dans un rêve, vous êtes simplement dans un bonheur des plus absolus. Ce pays, si triste parfois, donne une note scintillante à votre réalité, le mélange de toutes ces lumières si convergentes et si disparates à la fois. Lorsque vous entendez le soupçon revenir, ne bâtissez pas le mur de vos regrets inavoués, grandissez-vous simplement, toute cette facilité vous encombre, alors donnez-lui un aspect subtil et hilarant même, le sourire reste encore la plus belle des vérités. Cet enfant là-bas, si seul, ne le laissez pas. Je vous en prie. Il est peut-être timide, il est peut-être fragile, il est peut-être refroidi. Que dire du monde lorsque le malheur s'abat d'un côté de son ombre ? Ne pas perdre le fil de vos illusions, l'imagination perdure tout de même dans l'une de vos plus grandes forces, qu'elles soient sombres ou obscures, elles vous apportent la résistance. Celle-ci ne peut être illuminée, car son combat ne peut s'éclairer de vive joie, mais uniquement laisser une trace de plus sur le corps de cette ombre du passé. Jamais n'ai-je vécu la peur de la pénombre, jamais n'ai-je pensé au malheur de ce petit enfant, sûrement. Et c'est enfin s'il se retourne vers moi que je le reconnais, encore seul, mais cette fois-ci, je peux voir la pénombre, la sienne, qu'il veuille ou non l'illuminer. Qu'ai-je pu dire de lui, qu'aurais-je pensé de lui si je n'avais pu remarquer cette ombre, si torride, elle résiste. Je suis heureux aujourd'hui, car je ne faibli pas, mais que dirais le petit enfant qui sommeille en moi ? A-t-il subit la pénombre, est-il simplement né dans l'ombre ? Jamais je ne pourrais m'imaginer son monde à lui, celui qu'il a construit, mais s'il est vrai que le bonheur s'illumine parfois, l'amour, lui, vit non pas dans la peur, mais dans le cœur de cet enfant, et celui-ci ne vit que si son cœur lui appartient. Mon amour je te le promets, la tristesse ne fait pas de moi mon reflet, mais regarde plutôt le visage, mais sombre, de celui qui te plaît, car dans la pénombre tu ne me vois que si je suis éclairé ; dans la lumière, mon ombre plus jamais n'apparaît.

Je fuyais la terreur, je m'étais réfugié dans un endroit peu commode. Un labyrinthe, à vrai dire. Comment pouvais-je penser que le prince charnier pouvais se trouver dans une de ces horribles déclinaisons que formait le langage de ce palais. Je ne faisais aucun bruit. La vipère pouvait me sentir, elle était là, car moi aussi, je la sentais. Cette odeur nauséabonde de l'infâme regret. Quel était-il ? A vrai dire, c'était encore une fois l'objet de la chance. Je savais qu'elle était là à présent. Elle ne me suivait pas, non. Je lui laissais simplement des traces qui m'étaient tout simplement invisibles. Mais cette chance, ne serait-ce pas le fruit de mon imagination ? Bien au contraire. J'apercevais en elle cette hésitation si présente qu'elle ne trouvait même pas les mots qui pouvaient qualifier sa présence. Serait-ce le destin ? Allait-il le devenir ? Tout simplement. Mon destin à moi n'était pas tracé, comme celui de chacun d'entre nous à vrai dire. En effet. Le secret de cette brillante nouvelle ? Aucun. Comme un auteur au si grand cœur je puis la retrouver, c'était en effet ma destinée, je l'avais pour le coup engendrée. Utilisant mon temps et le hasard, mon esprit avait alors forgé ma propre destinée. Celle-ci se réalisa, laissant place à chaque instant au destin dont elle était l'autrice. Si invisible et présent à la fois, ce destin ne pouvait être évité. Enfin, j'avais semble-t-il semé ce petit prince aux rayures dorées, fusses-t-elles si mal tentées de se cacher. Je pris le pas de devant, traçant à mon tour la destinée qui m'appartenait et à laquelle je devais laisser tout mon plus grand calme. Le silence régnait alors, je ne pus le retrouver qu'une fois sorti, en douceur, de ce pauvre tas de pierre gris, mal vêtu depuis les millénaires qu'il avait dû endurer. Quel endroit peu commode fus-je si heureux de répéter. Avec toute la tendresse qu'il cachait, il ne lui restait cependant plus que cet état de terreur qu'il s'était pourtant empêché d'éviter.

Ma cousine me parlait. Elle était si présente en moi. Je sentais que la douceur qui nous entourait allait nous plonger dans un gouffre d'intense émotion. Le soleil brillait, il nous éclairait le cuir chevelu, il nous transmettait sa chaleur, son propre parfum de douceur. Cette brindille qui sommeillait en moi allait de nouveau se transformer en un immense cèdre virevoltant autour d'un champ éclairé d'or pur. Pourtant je sentais la douleur, elle la sentait aussi. Elle était bien présente cette émotion, tous ses sentiments que l'on pouvait ressentir nous étaient insupportables. Je ne pouvais plus respirer. La chaleur de cette matinée donnait un nouvel élan au supplice qui nous était infligé. Que pouvait-il se produire de plus désespérant, maintenant que l'amour avait emporté avec lui son propre créateur ? Qu'allait nous donner en échanger ce vieux personnage si méprisable et qui nous méprisait plus que le ciel n'eut voulu de lui ? Qui était-il ? Je le savais au plus profond de moi. La question ne se posait donc pas. Il n'y avait jamais eu personne, jamais pour veiller sur son pauvre fidèle, jamais pour donner de sa puissance à ses fidèles, jamais pour comprendre en quoi sa nécessité nous était elle-même fidèle. Ma peau brûlait à la venue de se soleil si brutal. Je ne me sentais pas bien. Je ne pouvais que me sentir en danger, qu'allaient devenir les forces qui m'entouraient précédemment ? Auxquelles moi-même, inconsciemment, j'étais devenu le fidèle ? Avaient-elles disparu ? Sens-tu ce que tu as au plus profond de toi ? Laisse-le venir. Qu'y avait-il au plus profond de mon âme ? Soudainement, j'étais perdu. Vraiment perdu. Mais je peux encore le voir, encore lui parler ! A qui le dis-tu ? Que veux-tu me dire par là cousine ? C'est terminé, totalement terminé, il est bien trop tard. Alors, soudainement, encore une fois, je ressentais de nouveau ces forces, toutes ces forces qui m'avaient aidées à grandir, à me former. Elles étaient présentes en moi, durant toutes ces années, je ne les avais pas remarquées. Durant un instant, tout ce qui m'avait pénétré se perdit d'un bout à l'autre de l'univers. Ces forces, que je ressentais, venaient tout simplement de quitter mon âme, pour s'installer plus haut, au niveau des étoiles. Là où le ciel lui-même se perd à les compter, bien trop loin. Que pouvais-je faire ? Y avait-il une solution ? Je me rendis compte de rien, je n'étais que de plus en plus souffrant. Cependant, bien au contraire de ce que je pensais, ces forces avaient grandis, elles étaient devenues immenses, et je ne m'en étais pas aperçu. Durant toutes ces années, je vécu avec ce soupçon d'ignorance, ce soupçon de regret. Lequel était en fait une image que je pouvais bientôt voir disparaître de mes propres yeux. Cette puissance, oui, cet amour, il était devenu plus fort. Toutes ces forces qui se partageaient l'univers ne pouvaient que croître avec celui-ci. N'est-il pas tout simplement en mouvement perpétuel ? Quand cela va-t-il s'arrêter ? Peu m'importe. Cette puissance, je ne pouvais que l'utiliser, et je savais laquelle elle pouvait être fière de remplacer. Celle qui ne venue de rien, celle qui n'était tout simplement rien de plus que ce vide intersidéral. A présent comblé, il n'avait pas de regrets à se faire, celui-ci. Lui au moins, il avait reçu de son existence toute l'essence qui me permettrait de vivre dans le meilleur des mondes. Un monde non pas vide de sens, mais tellement sensé qu'il pourrait en perdre la vision de son existence. Où était-il ? Qui étais-je ? Je le savais à présent. Ma cousine, si vainement tentée de répondre à ma question, la rendit tellement plus riche qu'aucune autre réponse aurait méritée celle que je venais d'entendre ici.

Le pays se lève sous un jour nouveau, et l'enfant qui sommeille en moi ne tarde plus à me rappeler que son heure si pénible tend à se terminer. Que fais-je ici me demandait-il ? A ton âge ? Non, comment est-ce possible que mes rêves ne puissent se terminer pour de bon ? De quels rêves parlait-il, je ne le savais. Pourtant, son allure si paisible et si innocente me faisait penser que son action n'était peut-être pas le résultat d'une inconscience, mais bien la parfaite réalisation de sa conscience la plus profonde. Que voulait-il me dire, je ne le savais. Je pris la décision de m'intéresser un peu plus à son histoire. Petit enfant, à la grande volonté, voudrais-tu bien me raconter l'épisode que j'ai sans cesse manqué ? Bien évidemment, mais je vous demanderai une seule chose, pouvez-vous me promettre de ne le répéter ? Eh bien, soit ! Très bien, vous me verrez obligé de commencer cette histoire par le côté le plus sombre qu'elle renferme. Tourner-vous vers vos heures perdues, celles à attendre, en vain, quelque chose dont vous ne pouvez espérer. Bien, que pensez-vous qu'il en reste, que pensez-vous de cette volonté de croire que rien ne se réalise sans la volonté de ceux qui veulent que cela se passe ainsi ? Alors ? A vrai dire, je ne comprenais pas vraiment d'où il voulait en venir. Je ne sais pas petit. Très bien mon grand, très bien. Tu te trouves parfaitement dans le rôle de celui dont je te parle. Alors là, je ne pouvais même pas imaginer une seule seconde, une seule minute, qu'il n'ait pas frôlé le côté sombre de sa personnalité à lui aussi. Hilarant, je suppose. Bien, maintenant écoutes un peu mon grand, écoutes. La personne dont je te parle n'a pas souhaité croire que sa volonté le protégeait de toute trahison, il ne faisait confiance qu'à ceux qui se présentaient comme des personnes bien confiantes et persévérantes en tout genre. Bien, sa raison ne pouvait en aucun cas quitter l'étroitesse de ses pensées. Il vit cependant un beau jour que ce dont il avait envi se trouvait de l'autre côté, celui qu'il ne pensait pas réaliste, le côté du rêve, de ses rêves à lui. Utilisant alors sa plus grande raison, il comprit que jamais il ne pouvait atteindre ses rêves. Alors selon lui, il ne pouvait que rester éveillé, dans sa propre réalité. Il ne s'était pas obscurci, il avait simplement fermé la porte de ses rêves pour laisser ouverte à jamais celle de sa réalité qu'il avait lui-même entretenue. Cependant, une autre personne avait forgé sa réalité autrement. Il avait caressé le fait qu'il pouvait, selon lui, ouvrir la porte de ses rêves à celle de sa réalité. Il le pouvait, en effet. Mais il ne pouvait pas l'ouvrir à la réalité en elle-même, il devait simplement tenir un lien étroit avec ses pensées propres et sa destinée, qui lui sera à jamais sienne. Que peux-tu penser de cela ? Je t'écoute, qu'as-tu à me dire ? Je ne savais quoi dire, en effet. Je ne pouvais qu'espérer. Il grandit alors tout à coup. D'un simple haussement de tête. Peux-tu espérer ? Bien sûr, lui répondis-je. Alors dans ce cas, tu as compris, n'est-ce pas ? Qu'y a-t-il à comprendre ? L'enfant m'ouvrit les yeux, et me montra ses propres rêves, les vois-tu ? Oui, je les voyais, je les voyais tous, d'une cohérence si familière qu'ils représentaient presque un monde à part entière, tellement éblouissant à voir. Qu'attends-tu ? Il me le demanda. Je n'attends rien. Ah bon ? Que voulait-il que j'attende ? J'ouvris les yeux. Le petit enfant, l'enfant, avait disparu.

J'avais pris l'habitude de me comporter comme si le monde qui m'entourait n'appartenait qu'à moi. Je me sentais d'une telle puissance, d'une telle force, que rien ne pourrait jamais m'enlever ce sentiment de certitude que j'avais bien l'intention de garder au plus profond de mon être. Hélas, là n'était pas le problème. Je le sentais venir, m'accabler de nouveau. Quelle certitude pouvais-je avoir en fin de compte ? Laquelle qui ne me perdrait jamais dans la profondeur et la terrible noirceur de mes rêves ? Qu'en savais-je ? N'est-ce pas cela que tu te demandes ? Non, pourtant bien que l'on ne cessât de me le rappeler, là n'était pas mon problème. Je n'en avais aucun, sauf celui de perdre parfois le côté sérieux qui me permettrait tout aussi bien de compléter parfaitement le mécanisme de la chute interminable des nuages vers cette terrible terre qu'était la nôtre. Après tout, je pouvais y arriver, ne pensez-vous pas ? Je considère que l'on ne rêve pas éveillé si ce rêve perd son sens lorsque nous revenons à notre réalité. Nous sommes simplement dans une pensée profonde, ce qui change complètement notre point de vue. Alors dans ce cas, êtes-vous sûr de pouvoir rêver ? Ces incroyables, parfois infâmes images que vous voyez sens cesse autour de vous, ne sont-elles qu'une pensée futile qui ne représente que votre absence totale de discernement ? Je ne le crois pas. Je me suis promis quelque chose à vrai dire, que je n'aurais peut-être pas dû faire, mais cela n'a pas vraiment d'importance. Le vrai sens de ce comportement n'est pas le narcissisme, il ne l'est pas en effet. Qu'est-ce qu'un comportement lorsque vous vous rendez compte qu'il ne se présente que lorsque Monsieur s'adresse tout simplement à lui-même ? Serais-je alors fou, vous me direz. Je le suis bien sûr, comme tout être doué d'une pensée bien consciente et qui lui ressemble du tout au tout. Si ma folie ne me décrivait pas, ma raison, elle, ne pourrait distinguer le vrai du faux personnage, n'est-ce donc pas uniquement ce qui est sensé ? Prendre à la légère beaucoup de choses serait à vrai dire une chose totalement inconsciente. Cela vaut la peine de se pencher sur l'esprit si bien-pensant que nous sommes. Nous prendre à la légère n'est pas réellement bon pour nous non plus. Cependant, garder à l'esprit ce qui nous distingue de ceux qui ne respectent que ceux qui se font respecter, n'est autre que notre ultime bon discernement, et non pas ce qui nous garde subtilement en vie. Le monde est entouré d'obstacles, et pour la grande majorité d'entre eux, ce sont tous des êtres bien-pensants. Pourtant, la plupart d'entre eux ne font que respecter un ordre, un ordre qu'ils se sont eux même obligés à respecter. L'ordre est au centre de tout espèce consciente d'elle-même. Cependant, se freiner d'ordres n'est qu'une perte de puissance, celle que l'on vous donne vous permettra d'aller plus loin, celle que vous vous serez procuré vous permettra de dépasser vos limites. Si jamais l'on m'entendait dire cela, je ne serais alors plus moi-même, mais j'aurais cependant trouvé un autre endroit pour conter mes histoires, si simples soient-elles.

Les tréfonds de l'âme. Sobres, parfois sordides. Là où le corps ne peut échapper. Si jamais la peur venait à faire surface, ce sont alors ces tréfonds que notre âme surpasse. J'étais effrayé, mais serein, une peur qui ne quitte pas le raisonnable. Un monde de douleur, une montagne de saveur humaine. Quels plaisirs y avait-il ? Lesquels pourraient m'aider à me sortir de mon trou ? Cependant lorsque l'on cherche, on creuse la mémoire de nos pensées, cette mémoire du souvenir, des échanges, des paroles et des mots. Tu t'enfonces, encore, encore, sans jamais périr. Puisque la vie se suicide d'elle-même, à quoi bon penser au pire ? A quoi bon vouloir sentir la frayeur de notre être si charmé par cette fin futile. Fut-il un temps où je ne pensais qu'au lever du soleil. Mes pieds touchaient le sol, et celui-ci prenait terre. Je ne puis me résoudre ni au début ni à la fin. Notre monde, nos êtres bien-pensants, que sont-ils devenus à présent ? Ne t'endors pas, gardes un œil éveillé, et tu sauras que la lumière ne pénètre que d'un seul côté. Qu'avais-je l'intention de dire à présent ? Et cet insensé enchaînement de questions inutiles. Cela frétillait dans mes oreilles, quelle était la réponse, la vraie. Je ne sais pas, demandes à celui qui sait. Cela peut-être une personne que tu connais, cela peut te paraître si simple, mais si évident si tu regardes bien. Quels étaient mes tréfonds à moi ? Que renfermaient-ils ? Je ne le savais pas plus que les réponses aux questions que je me posais. Réfléchis, ne réfléchis pas, que faire, si ce n'est trop demandé ? Fais-le. Quoi donc ? Fais ce dont tu as envie de faire, et tu trouveras la réponse à tes questions. Que dire d'une phrase aussi simpliste, que penser d'un monde qui ne se préoccupe que de lui-même ? Mais le monde, le sais-tu peut-être déjà, c'est toi, moi, eux, nous, ensemble, nous sommes le monde. Et si, comme tu dis, le monde ne pense qu'à lui-même, c'est que nous ne pensons qu'à nous. Dis-moi, penses-tu vraiment que nous ne pensons qu'à nous-même ? Là, tu peux réfléchir, enfin si tu y vois un soupçon de nécessité. C'est justement parce que le monde ne pense pas à lui, qu'il est tel qu'il est. Quoi, vois-tu maintenant ? Tu sais, lorsque nous nous demandons pourquoi notre monde, notre planète, notre univers est tel qu'il est, nous ne pensons jamais vraiment au pourquoi devrait-il être autrement. Si je te demandais pourquoi tu es ainsi, si fébrile à l'idée d'entendre dire que nous ne faisons jamais ce que nous pouvons faire de plus simple, tu me répondrais simplement que notre espèce a pour caractéristique de se compliquer la vie. Si à présent tu te demandais pourquoi notre univers est ainsi, il te répondrait tout simplement qu'il a pour caractéristique de te simplifier la vie. Ne te demandes jamais pourquoi tu es ainsi, parce qu'au fond, tu connais bien la réponse. Lorsque tu perds ton sang-froid, que tu te sens perdu, tu as simplement oublié que dans notre monde, rien n'est compliqué, mais que toute simplicité est parfois tellement évitée, que l'on ne se rend pas compte du bien qu'elle nous fait. Si jamais un jour tu devais te réveiller avec une question existentielle à te poser, saches que de jour en jour, ta réponse se serait déjà formée, mais que celle que tu attends n'est autre que celle que tu aurais oubliée.

J'oubliais parfois de me souvenir de ce qui me tenait en vie dans ce monde. Je pensais, oui, je croyais que toute pensée n'était aussi puissante que du simple fait que nous soyons tous humains. C'est alors que je me demandais souvent si nous méritions réellement notre corps. A quoi bon pouvoir se tenir là où nous nous tenons si notre matière peut s'affliger à elle-même son sort si repoussant. Et de mes yeux, de ma tête, je pense encore à un avenir cuisant qu'il pourrait presque me toucher de par sa colère. Que penser, lorsque l'on ne sait plus ? Lorsque l'on ne sait rien, n'est-ce pas ? C'est toujours à la fin d'une réflexion que l'on trouve éventuellement une réponse. Cependant, cette réflexion ne pouvait reproduire le même schéma si spécifique et si bien gardé que n'importe quel citoyen aurait pu et se devait de reproduire à la perfection. Si l'on réussit à reproduire, c'est que l'on est fait pour ça. Si nous pouvons le refaire à la perfection, voilà notre vocation. Mais dites-moi, par qui ai-je été convoqué ? Dois-je conclure que notre monde se fait de par sa perfection de reproduction ? Et si cela était vrai ? C'est en fait lorsque j'ai peur que je ne me soucis de la victoire, lorsque je pense que je perds l'envi de recevoir. Qui vous a convoqué ? Dites-le-moi. Car vous ne pouvez empêcher ce que vous n'empêchez de vous-même. Ne pas voir le schéma qui structure notre vie ne vous rend que plus productif dans sa reproduction exacte, n'est-ce pas ? Se libérer de ce schéma pourrait vous tendre un piège. Mais que se passerait-il si le schéma prévoyait le sursaut qui était en train de s'opérer ? Se soumettre, ou coopérer ? Imaginons un instant que vous soyez complètement libre. Que feriez-vous, à quoi penseriez-vous en premier ? Que pourrais-je faire ? Qu'en est-il de moi ? Je ne sais pas. Et si vous pouviez à votre tour soumettre les autres, sans qu'aucune contrainte ni aucun obstacle ne vous barre la route ? Si vous preniez le chemin du respect, de la loyauté, de la dignité que vous gardez ainsi, et c'est peu dire, profondément en vous ? Qu'en serait-il ? Le respect d'un schéma ancré chez vous depuis votre existence peut-être ? Le fait que vous ne sachiez pas vraiment quel est votre véritable objectif dans cette histoire. La puissance, ou le respect d'un ordre, d'une structure. Ceci-dit, la puissance soumet d'autres espèces au respect d'une autre structure. Le fait est, sombrer tout seul, ou sombrer avec les autres. Que choisir ? Que d'histoires, que de balivernes, que de sottises révélations, mais lesquelles ? Le monde que nous connaissions fut durant des années soumis, durant des années dans le respect de son vivant, de son inertie. Si jamais l'humain pouvait à son tour jouer les puissants, il le ferait sans hésiter. Cependant, ce n'est pas forcément une mauvaise chose, un mauvais choix. Un être bien-pensant pense selon ce qu'il pense être le meilleur choix. S'il le fait, il ne fait pas fausse route. S'il décide de faire ce qu'il fait, et qu'il a la puissance de le faire, alors il se doit de le faire, tel est sa nature. L'en empêcher n'est autre qu'une autre décision, tel est sa nature. Seul le choix, seuls les choix, nos choix peuvent nous submerger, pas notre vérité. Si le monde se voyait périr, alors il devrait périr, tel est la nature de l'inertie. Cependant le monde se renouvelle aussi. Si l'humain apparaît toujours en groupe, c'est qu'il ne peut en être qu'ainsi, telle est notre nature. Si l'on peut penser, on peut imaginer, alors on peut créer. Si l'on peut trouver, alors on peut avoir raison, alors avons-nous raison ?

Je trouvai une familiarité bien particulière lors de cet évènement. C'était si paisible mais si agité à la fois, je m'en perdais presque. Une fusée, c'était une fusée. Un évènement de cette ampleur n'est pas si rare qu'il en a l'air de nos jours. Je sentais que la vitesse et la puissance de cet engin faisait fureur. Tout autour de moi je voyais le monde, les gens, les têtes presque avisées de ces personnes bienveillantes. J'entendis un

seul soupir, celui de la personne devant moi. Je me
levai, elle ne dit rien, elle n'admettait aucune déviance,
aucun changement, non, aucun. Je commençai à
parler lorsqu'un autre soupir pris le dessus. Cette fois-
ci, c'était une autre personne, toujours devant moi, si
paisible pourtant, le bruit de son silence me brandis le
cœur. J'étais las tout à coup. Plus aucun soupir, c'était
terminé. Le bruit de cette fusée pris le dessus, me
soupira un bon coup au visage, et elle s'envola, loin
vers les étoiles. De ces étoiles, j'en voyais pourtant tous
les jours, mais jamais la nuit, la pollution remontait
un peu plus chaque soir. Le matin, j'étais impatient
d'apercevoir cette brume s'échapper et laisser place
aux jours étoilés, si paisibles pourtant, eux aussi. Mais
le monde, ce monde qui se prosternait devant moi
n'était devenu que poussière, cette poussière d'étoile
que l'on pouvait voir, si tant est que nous voulions
bien s'en approcher. Qu'était-il arrivé à ce monde ? Je
ne pouvais qu'observer, observer cette volupté qui
montait en moi tout à coup. Le soleil était si présent,
si noir à apercevoir, si luisant de cette éclaircie
scintillante. Je continuai à parler, avec mon âme, avec
mon cœur, avec douleur. Qu'allais-je devenir, allait-il
m'arriver le même sort ? Ne pas prendre peur serait

une folie. Cependant je ne peux pas, je ne devais pas, il fallait que quelqu'un y arrive. Je sentis la fine couche de brise réapparaître, laissant place au désarroi, les gens disparaissaient eux aussi. Le monde tel qu'il était devenu ne me faisait plus peur, la poussière d'étoile me prenait pourtant le cœur, mais elle disparaissait elle aussi de ce champ d'or, porté par ce cèdre enlacé par ses propres racines. Elles lui donnaient un air protecteur, la lueur de cette pénombre donnait à ce lieu la voie d'un monde nouveau, où les espèces suivantes allaient prendre le dessus, venant de toutes parts, de n'importe quel endroit. Et ce monde, ce nouveau monde deviendrait celui qui prédomine, à présent, jaillissant de cette terre si fertile. J'entendais pourtant un soupçon d'ignorance, celui qui s'entrelaçait entre mes jambes, entre mes mains, et me pris la tête. Qu'allais-tu faire à présent ? Toi seul au centre de ce monde perdu, que tu avais pourtant tenté de faire paraître au monde, lorsqu'il était encore là. A vrai dire, je n'avais jamais réellement pris peur, et pris part à ce débat, j'en montrait simplement les conséquences, les atrocités qu'il créait. Alors ne dis jamais que tu connaissais la réponse, car en vérité, tu ne pouvais la connaître. Mais qui parlait ainsi, sans en avoir jamais eu la parole ? C'est bien moi Monsieur, lorsque vous perdez la tête, je me retrouve enfin dans les fins fonds de votre esprit, de votre souffrance parfois. Ne vous inquiétez surtout pas de votre sort, puisque j'en détient à présent le contrôle. Cet ego qui me parlait, je ne savais comment l'interpréter. En vérité, je ne l'avais jamais su, mais je m'efforçais de vivre avec, non pas que la douleur me parvenait avant de connaître la terreur de cet emprisonnement. Un simple silence, et j'en serais sauvé, oui, cette vie sauve qui m'appartenait de droit. Je ne l'avais pas choisi, mais on me l'avait enlevé. La seule chose que j'attendais, c'était de la récupérer. Alors que je tentais de viser la lune, je me préparais simplement à la victoire d'un monde qui me serait apparu en rêves, et sur terre cette fois-ci. Qu'il me suffit simplement de parcourir les pénombres, ou que je dû prendre la décision d'arrêter ces tourments, je gardais pourtant simplement la foi. Oui, cette foi que j'avais sans cesse reniée, ou revérifiée, il m'en fallait être sûr, que je n'allais pas réaliser toute cette route pour rien. Cependant, je ne connaissais pas l'absence, jusqu'au jour où je l'aperçu, me frôler l'épaule, me prendre une partie de mon esprit, cette absence en moi, je voulais simplement la combler, la recoller. Mais c'est avant tout que je su que je ne pourrais jamais, si ce n'est de ne pas me décevoir moi-même, en voilà un autre de mes problèmes.

Ce fut sans doute cette rumeur qui me revenait à l'esprit. Quelque chose d'ancré, qui me collait à la peau, et auquel je ne pourrais plus jamais échapper. Je me saisis d'une membrane en plastique que j'avais trouvé sur le rocher. Je la mis sur ma chevelure, et fis simplement le déplacement sans me soucier de ce que l'avenir pourrait bien dire de moi. Pourtant, je sentais bien que quelque chose allait se passer, quelque chose d'inattendu pour dire vrai, mais peut-être pas si terrible pour le moins. Je pris le côté est de la rue, choisis de garder cette discrétion pour encore quelques heures, celles qui allaient suivre le jugement. A ce dernier instant, lorsque la voiture qui avait pris l'initiative de me barrer le passage voulu bien reculer d'un demi-centimètre, je sentis la présence de l'être. Il était là, et peu importe ô combien il ne m'était pas familier, sa présence tendait à me rendre complice de moi-même. Qu'avais-je fait, comment dire à cet insoutenable pression qu'il fallait bien qu'elle s'en aille pour de bon ? Comment choisir dans un endroit qui fait tout sauf usage de sa bienveillance pour vous faire sentir un minimum serein et utile à ce moment si précis de cette journée ? Je n'en croyais pourtant pas mes yeux. Ce visage, cette membrane que j'avais laissé tomber il y a quelques secondes de cela. Je sentais la tristesse dans ses yeux, le volume incessant qui n'arrêtait pas de croître dans l'esprit de cet être si bien-pensant qu'il en perdrait presque sa raison. Inévitable. Je ne pus rien faire. Je regardais alors, comme ces autres dont je sentais la présence, mais qui ne laissaient aucune émotion entraver leur propre chemin de vie. La vie est dure, autant ne pas la gâcher par celle des autres. Cela me faisait frissonner. Tellement son histoire se dégageait de son visage, si paisible à présent, et si vivant pourtant, il l'était tellement. Lorsque je me baissai pour reprendre la membrane que j'avais laissé tomber par imprudence et surpris de l'imprévue destinée que j'attendais, je me rendis compte qu'elle avait tout simplement disparue. Sans protection, la puissance pourrait très bien s'abattre sur moi à mon tour. Je rendis grâce, je demandai une seule chose, quelle que soit la destinée de cet enfant, laissez dormir à jamais la souffrance qui pèse et pèsera sur lui. Je filai droit au niveau de l'espace de stockage, je retrouvai une autre membrane, encore plus futile que la première, mais peu importait à ce moment-là. La venue de la puissance ne pouvait pas s'abattre tant qu'elle n'avait pas fini le travail dont elle avait la vision la plus nette. Pris de panique, je sentis pourtant une gestuelle qui m'était bien familière. Oui. C'était l'enfant. Je le gardai avec moi, et je me rendis à l'extrême est de la ville. Là-bas, les êtres se ternissent, leur indifférence pollue la cité, les laissant dans une noirceur des plus infâmes. Cependant, c'était bien le seul moyen d'échapper à tout ce qui me rendrait plus vulnérable. Je n'avais peur que d'une seule chose, que l'on me reconnaisse, que l'on sache quelle était la nature de ma mission, quelle était la nature de l'enfant, auquel le monde ne souhaitait qu'une seule et ultime solution, sa disparition de la surface des êtres bien-pensants.

Je pouvais choisir, j'étais libre en fin de compte. Il m'arrivait parfois de faire confiance à des personnes auxquelles je ne serai jamais réellement attaché. C'est la vie qui m'amena à lui, à l'aube de cette journée. C'était en effet un moment si extraordinaire. De nos jours, la lumière de la vie ne fait qu'un seul aller, sans penser à prendre un billet retour, et pourtant ... La voilà, la sixième voie, le temps d'un avenir meilleur, loin de la crise des fantômes. Loin de la perte de notre conscience si insensée soit-elle. C'est elle qui nous définira tel que l'on est. Je prenais soin de laisser dans l'armoire au moins une source de réponse qui soit à jamais à la portée de n'importe quel individu. C'est ainsi que je m'en allais, victorieux, fier de la lueur dont j'avais pu répandre un soupçon de chaleur. Tout autour de moi. Je ne pleurais jamais à la fin du voyage, je pleurais lorsque je quittais le port, lorsque le navire donnait au monde l'impression que celui-ci était pour le moins le plus immobile qu'il soit. Et je sentais cette odeur, non pas celle que je pouvais répandre, mais celle qui m'envahissait à chaque instant, me faisait frissonner, me faisait danser, me faisait vibrer, me faisait peur parfois, mais ne m'inquiétait jamais. Jamais je ne pourrais être plus heureux que je ne l'étais à ce moment-là. Vite, il fallait changer de cap, nous avions rendez-vous dans un endroit dénommé Pays du Ciel. Je sais ce que vous allez dire, ce monde est peut-être illusoire, mais ce monde, c'est moi qui l'avais créé. Je me voyais voler, et de mes propres ailes. Je ne les avais pas fabriquées. Elles étaient venues à moi, sans que je ne m'en aperçoive. Mais lorsque j'ai su, je leur avais tout simplement fait confiance. Sans me poser de questions, sans chercher de réponses. Elles étaient comme les gardiennes de mon paradis, elles me permettaient d'accéder à tous mes désirs, et je les leur rendais en échange autant de rêves que mon imagination voulait bien en produire. Sans jamais s'arrêter. Vint alors le jour de la désobligeance. Il m'était arrivé un petit souci, manque de mon assiduité permanente, elles me laissèrent tomber ; et je tombai. C'est alors à ce moment si extraordinaire que vint une autre lumière, celle du désespoir. Pas si méchante pour autant, mais ma vie en pris un choc. A peine si j'arrivais à faire confiance, l'attache qui me poussait à retenir ne fis que se retenir elle-même, visant à empêcher tout autre d'entrer. C'était alors là, ma vraie liberté, celle que j'attendais, que j'utilisais sans me soucier, et pourtant ... Le monde change, voilà ce qu'il en est. Et si jamais j'avais l'impression que ma façon, la manière que j'avais d'aborder les gens tentait à dévier, elle aussi, de ce dont elle était habituée à réaliser, ce fut uniquement parce que je percevais encore mal l'idée que ce dont je ne pouvais plus gérer, c'était mon monde qui le faisait, et ce jusqu'à mon unique liberté.

SILENCE, ÇA TOURNE

Pris dans cette volonté de vengeance, il ne me restait qu'une seule et unique solution. Garder en moi cette souffrance jusqu'au moment où je pourrais enfin la libérer de mes tréfonds d'insouciance. Je savais pourtant que le mal ne régnait pas qu'à l'intérieur de mon âme, il lui donnait vie depuis notre monde. Quelle ingratitude ! Seul, j'étais perché du haut de ma cabane, abrité par ses solides murs de bois, fortifiés par leurs niveaux d'attache. Je me sentais en sécurité d'en haut. Je pouvais vérifier si mes plans se tenaient, s'ils pourraient eux aussi, déverser toutes leurs subtilités sur ceux qui m'avaient injurié. Mon heure n'était pas encore arrivée, et dans un silence de tempête, je cru pourtant que l'on m'avait retrouvé. Je penchai la tête, mais personne, personne ne pouvait comprendre mon ingéniosité. Cette persévérance qui faisait partie de moi, moi seul pouvais la sentir. Je construisis tout autour de moi des remparts, afin de m'abriter pour une seconde fois, de tous ces coups que j'aurais bien pu recevoir. Il était temps. Lorsque je passai à l'action, il y eu cependant cette petite voix intérieure, cette voie qui s'illuminait. Peu m'importe mon âme, la vie n'est qu'une flamme que l'on peut éteindre en soufflant dessus. J'avais appris en quelques années, toutes ces techniques si farfelues que l'on nous donnait à manger, comme si nous étions tous de petits animaux incapables de se nourrir par nous-même. Et même, après avoir longuement miroité sur ceux qui m'apprenaient la vie, je n'en étais toujours pas rassasié. Quel était donc cette volonté, ce besoin, ou cette nécessité ? Tu voulais que je sois moi, j'ai pourtant tout donné pour tenter de le rester. Je me suis vu grandir, parler, vagabonder, changer, bercé par les échos de mon existence, et pourtant. Je cherchais quelque chose de plus, quelque chose que je ne pourrai trouver en moi, je voulais rejoindre le pays de ces flammes. Si belles et si intenses, si chaud que j'étais en leur présence. Il me fallait tenter le coup, il me fallait me vider de cette appréhension. Alors je soufflai sur l'une d'entre elles. Soudainement, je cru durant quelques minutes que le monde ne put remarquer mon absence, cette absence qui avait causé la perte de l'un d'entre nous. Mais dans les tréfonds, rien qui ne soit habituel se fait toujours remarquer. Cependant, on ne put éteindre la flamme qui brulait en moi. Cette flamme, elle était inexistante, je ne l'avais jamais aperçu, alors que je voyais pourtant des centaines de milliers d'autres. Et par la magie d'un conte de sorcellerie, je sentis comme une baisse instantanée de ma température, que m'arrivait-il ? Que se passait-il réellement ? J'ouvris les yeux, et ne vis plus rien, rien de ce que j'aurais pu imaginer dans mes pires cauchemars, rien de tout cela. Car en une fraction de seconde cette fois, les flammes qui enchantaient mon monde ne pourraient plus jamais lui donner une seule seconde de répit. Il n'y avait rien à comprendre, rien à savoir de plus, sauf une seule de ces leçons, celle que l'on ne peut apprendre que de par nous-même. Cependant je vous en prie, ne vous abstenez pas de vos erreurs. Car en ce jour, toutes ces flammes avaient disparu. Et lorsque j'ouvris une seconde fois mais yeux, je ne vis plus les flammes, mes ces hommes et ses femmes, incontestablement auxquels je ne pourrais jamais être séparé.

Il m'arrive parfois de m'absenter. Cela ne dure pas. Mais cela peut en quelques secondes refroidir tout un monde auquel je m'étais pourtant très bien habitué. Ce monde, je le vis à l'instant même. Et par tous les moyens, je cherche cependant à m'en éloigner. La seule vie à laquelle je puisse aspirer m'aspire déjà de son incessante volonté de connaissances. Je les vis à l'instant même où j'en aperçois les recoins, les détours parfois extrêmes mais qui sont des plus intéressants. Ces connaissances, ou plutôt ces volontés de connaître empêchent constamment la progression physique de mon cheminement. Que serais-je sans l'ombre d'un rapport authentique envers ce que je suis réellement ? Humain tel que l'on me décrit. Par des adjectifs tel que l'on voudrait que je sois décrit. Dans certains cas, je remplis des cases. Dans d'autres, je commets un effroyable roman de mon empire intérieur. Cependant peu m'importe la destination. Ma seule et unique volonté reste le passage que j'utilise sans cesse entre mon ignorance et le fruit d'une recherche bien menée et sans laquelle je ne serais que moins observé à présent, mais beaucoup plus sûr intérieurement. Si je devais raconter une histoire, je dirais simplement que l'oisillon ne tombe que si sa mère le pousse, alors que s'il décide de sauter, il ne tombe plus, mais continue de vivre. Sous l'emprise de mes expériences, j'ose peu, alors que sous l'emprise de mes connaissances, je fuis plus. Que révèle cette opulence, qui me nourris sans penser à me faire confiance ? Je récite quelquefois certains traits de ma personnalité. Je prends en compte mes avantages et mes inconvénients. Je vois en quel point je pourrais éventuellement sortir de l'ordinaire, mais je ne vois toujours pas quel serais celui qui me permettrait de m'engager sereinement et sans regrets. Et lorsque je réfléchis, je repense à certaines choses, certains moments de ma vie. Ceux-là sont incorrigibles, je me vois, moi, choisir, et faire, sans me poser de questions. Si j'y arrive, je peux continuer, si cela me plaît, je peux continuer. Et cet être extraordinaire que je pensais me voir révéler, je ne le ressens que sous sa forme la plus exceptionnelle. Celle qui m'appris la première fois que je touchais à une belle mélodie. Rien de plus ordinaire en fin de compte, que de se voir révéler à soi-même son plaisir pour sa discipline. Si je souscris à ce dont j'ai envie, je ne peux qu'être certain que mon originalité se chargera de rendre mon travail que plus productif et plus enrichissant. Pour ma part, mon devoir me rappelle sans cesse, alors que je suis intéressé et que je me plais de diverses choses toutes aussi authentiques les unes des autres. Cependant je me vois une aspiration plus grande pour l'une d'entre elles. Sans jamais chercher à trouver quelque chose, j'ai enfin pu trouver sans chercher cette même chose.

Si je ne vois plus la feinte illusion que tu m'envoyais durant ces premiers jours, c'est que je ne suis plus celui qui te permettait de courir sans te briser tes genoux. Que penserais-tu si le monde s'écroulait devant toi, tout en sachant que la seule et unique perspective que tu avais ne fut que celle qui était en train de disparaître ? Si l'on regarde le monde tel qu'il est, alors on ne peut plus le comprendre comme on le faisait dans le temps. Je me suis enfuie dans un pays que je nommai le col de mes années perdues. Je trouvais que ce monde si excentrique n'était rien de plus que ce dont j'avais le plus renié durant mon existence dans cet autre pays. Fut-il aussi gai que notre univers, si paisible ? Je ressentais à présent une nouvelle forme de douceur. Celle-là ne bifurquait pas lorsque j'en arrivais à son extase. Cette douceur ne m'était cependant pas familière, en effet, je la ressentais telle une douleur pas si violente pourtant, mais très exagérée. La vie m'avait offerte un doux moment de sagesse, celle dont mon esprit ne pourrait jamais connaître. Je me sentais faible, je tréssaillais cependant lorsque j'appris que j'allais enfin rencontrer ce dont j'étais venu chercher. Que pouvait-il y avoir dans un monde qui se perdait au fin fond de mes recrudescences de regrets ? Je voulais simplement me retrouver face à mes ressentiments. Voir ce qu'il pouvait s'en cacher. Y aurait-il quelque chose de suspect que je n'aurais pu apercevoir dans le temps ? Je gardais cette confiance, celle-ci même qui m'aida à me perdre de trop lui en demander. Que pouvais-je penser d'autre ? Avais-je simplement peur ? La peur est infidèle à nos désirs, n'est-ce pas ? Et pourtant ... Je n'avais rien gardé, j'avais même omis de prendre mon courage, j'avais réalisé beaucoup de choses, trop sans doute, mais jamais envers ce dont je me considérais. Que considérer ? Prendre du temps, dépenser du temps, échanger du temps, falsifier le temps, peut-être. Si ma vie ne fut que le commencement de mon départ, alors je sus depuis le début que j'allais repartir. Prendre un nouveau départ, ou prendre le départ ? Trop sans doute, trop. Plus de peur, plus d'omission, plus d'obligation, plus de regrets, de ces ressentiments qui ne font que m'agresser, me perdre, alors plus d'objections. Je sentais venir en moi cette envi, celle que je ne faisais que renier, que remettre sur le champ de bataille, et qui gagnait, à chaque manche, à chaque annonce de combat, elle était cependant là, ma plus forte recrue.

Je la laissai sur le banc, elle attendait, mais ne se fatiguait jamais, la seule qui survécu réellement à tous ces combats, à mon être si profond et que j'avais perdu en chemin. Ma foi, elle, était restée derrière, sous la protection de mon envi. Cherchait-elle la résurrection ? Cherchait-elle le pouvoir ? Non, simplement la présence, pour ne pas être oubliée avec ceux qui partirent au combat pour moi. Lorsque je mets mon envi sur le terrain, c'est alors ma foi qui campe sur le banc.

Ceci peut paraître opportun, et même devenir utile. Je gardais confiance en son absence. J'ai toujours compris le réel sens de sa disparition. Le personnage que représentait cet humain, celui que je perdis, sans rancunes. Que gardait le monde au travers de son existence ? Ces êtres organiques, ces espèces inertes, certainement. Que pourrais-je devenir sans l'aide de ceux qui me construisirent ? Surement quelqu'un d'autre. Si jamais je devais disparaître, c'est un peu de ce monde qui disparaîtrait aussi, mais si le monde tentait à disparaitre, c'est un peu chacun de nous qui disparaîtrait aussi. Ne pas garder cet esprit de vengeance n'est parfois pas chose facile. Et que celui qui dit s'en priver ne peut que partir du côté qu'il construit, sans raison. Je me rendis compte que ma vie, ma présence, et mon absence, ne serait que familière à mon monde. Celui que j'aime tant, celui qui me perdra surement. Que pourrait-il me donner de plus, que ce que je possède en ce moment ? Si vous vous sentez seul, ce n'est pas la faute de votre monde, ce n'est pas celle de votre vie, mais celle de votre esprit. Si je me perds dans les profondeurs, c'est que je ne peux plus apercevoir les grandeurs qui m'entourent et ne cessent d'apparaître à mon retour. Je peux voler, je peux garder l'espoir de croire, de m'entourer de moi, de votre présence, quelle qu'elle soit. Car mon monde ne l'est pas sans vous, car votre monde ne l'est pas sans moi. Qui êtes-vous, quiconque pouvez-vous être. Ce qui importe n'est pas tant la consistance que la persistance. Si je persiste à croire que je suis merveilleux, je ne peux cependant pas savoir si je le suis réellement. Si je suis merveilleux, sans vraiment persister à le croire, je ne peux cependant pas savoir si je le vaux vraiment. Je me construis tel que je suis en persistant à le comprendre, à l'apercevoir. Je ne m'imagine pas un rêve, si je ne peux le voir, l'apercevoir. Entre tant d'aspérités, je ne peux que me perdre. Mais si je regarde le ciel, et si je vois l'horizon, peu m'importe le monde auquel je suis rattaché, auquel je ne peux qu'être fâché, car c'est à mon univers auquel je crois, et celui qui ne peut dépasser l'infinité de ma perception. Je peux ressentir l'effroi, tant que le monde ne persiste pas à se détourner de son horizon, ma perception ne pourra qu'être figée vers cet espoir auquel je donne forme sans arrêt.

Je reviens d'une traversée merveilleuse au travers d'un espace perdu de notre monde qui s'étale sans fin le long de sa surface éclatante, la seule à pouvoir nous apparaître telle qu'elle est réellement au plus profond de sa nature. Cet espace était sobre, et c'est avec dignité que l'on peut simplement lui rendre visite, sans chercher à trouver autre chose que ce qu'il pourrait nous apporter si l'on devait croire en sa puissance réalisatrice. Je rêve de ce monde depuis des années, et j'ai enfin pu le retrouver, alors qu'il était déjà présent. Il me manquait la carte qui me permettait de m'y rendre à n'importe quel moment de ma vie. Pourtant, lorsque j'y repense, j'aurais pu la trouver par moi-même. Si notre monde n'était pas aussi grand qu'il prétend l'être. Me suffirait-il de chercher, ou alors de me balader, exposant mon regard critique sur chaque partie qui le compose ? Il aurait simplement fallu que j'aperçoive, en silence, que j'observe, et puis que je note. Réunir ces notes pour n'en former plus qu'un ensemble. Est-ce alors la représentation exacte que l'on peut s'en faire ? Si jamais je voulais m'assurer de sa véracité, il m'aurait simplement fallu partager mes recherches, à la fin de ce voyage que j'avais réalisé par mes propres soins. Qu'en pense ce monsieur ? A-t-il fait le même voyage que moi ? Sans doute, mais n'a-t-il peut-être pas été emporté par les mêmes endroits, les mêmes précisions, ou alors les mêmes détails que ce que j'avais entrepris de formuler sur mon cahier. Là se trouve un point intéressant qui mériterait d'être approfondi. Formuler avec d'autres ce que tout seul je ne pourrais entièrement reconstituer. Prenons le temps de comprendre ensemble ce qui promet de devenir un vrai modèle de véracité exemplaire. Cependant, il ne faut pas oublier que le temps s'organise afin de bouleverser notre monde. Si jamais je prétendais rendre mes recherches comme des théories universelles, elles manqueraient sans doute de matière d'année en année, de véracité qui se perdrait au travers d'un dogme ou d'une identité passée qui tendrait à représenter ce que le monde, aujourd'hui, se perd à ne plus en être sa réelle concrétisation. Ne pas réfléchir, s'asseoir sur des acquis, prétendre tout connaître de ce qui peut plus ou moins l'être, vers où se tourne notre sens de l'organisation ? Nous cherchons, je cherche sans équivoque à être le plus vrai possible. Cependant, me former de par des bases qui me sont extérieures et sans aucun doute obsolètes, n'est pas la meilleure des solutions qui me donnerait le plus tôt possible ma propre émancipation. Si je garde à l'esprit que le monde ne se reflète que lorsque le miroir est à l'arrêt, alors je comprendrais que la meilleure façon de m'épanouir n'est pas la recherche infondée de ce que je peux apprendre au travers de tout ce qui est, mais bien évidemment le parcours fondé de ce que je nomme ma réelle investigation au sein de mon être. J'avance avec un esprit ouvert, qui ne connaît pas ce que le monde a à lui offrir. Si j'aperçois, je comprends, et puis j'entreprends ensuite, alors mon organisme aura le temps de se former à la manière que j'aurais pu lui transmettre par mes recherches personnelles. Si je ne regarde pas devant moi, et que j'utilise la carte que l'on m'avait donnée précédemment afin de m'épanouir là où j'avais envie d'aller, alors je perdrais sans doute le goût de la réalité, me faisant perdre également ce qu'il y avait de plus vrai dans le domaine auquel je me prédestinais. Pouvons-nous avancer lorsque l'envi s'efface d'un bonheur réfréné ? C'est là que je tourne le dos à ce qui me construit, ce qui me nourrit de par sa vivacité qui m'alimente. Ne faut-il pas contrebalancer un désespoir ? S'il y a une seule réponse à cela, c'est qu'il faut le dépasser, nous surpasser, nous élever, tel que nous sommes, nous ne pouvons pas détruire notre source alimentaire, sinon nous nous détruirons nous-même, et certainement dans la pire des situations qu'il ne puisse jamais nous arriver.

Je marchais au soleil avec une imprudence habituelle. Je m'empressais de sentir la chaleur s'étalant tout le long de mon corps adoré. Si je peux lui faire plaisir, alors je ne peux hésiter à le faire. Lorsque je prends du temps pour dormir, lorsque je prends du temps pour sortir, lorsque je m'amuse, sans excès voilà tout, ou lorsque je donne de mon temps pour éclaircir quelques parties sombres présentes en moi, je suis sans arrêt dans un esprit de détente. Un seul secret qui m'ait été envoyé, c'est que sans détente, notre corps souffre. Et puisque je ne suis pas un meurtrier, alors je préfère lui faire confiance, à mon corps sans doute. Depuis ma plus tendre enfance à ma plus mouvementée adolescence, j'ai laissé mon corps se faire punir, détruire, saccager par mes habitudes, auxquelles je ne tenais pas vraiment à bouleverser. N'est-ce pas épuisant de surmonter tout cela, devoir fournir un effort pour se sentir mieux ? Mais je peux me détendre, lorsque je rentre le soir et que je m'étale sur mon lit, voilà un repos bien mérité, ce qui sans doute est loin d'être un cas unique que j'ai l'honneur de représenter. Bien. Je me mens. Je me hais. Je ne fais pas plus attention à moi, et la vaisselle dont je préfère repousser le lavage à plus tard. Alors, je me mets à réfléchir, encore une fois, dans mon lit, sur ma chaise, le regard dans le vide, tel que j'aime habituellement le faire. D'ailleurs, ceci peut faire effet de réflexe, tout est un réflexe, réflexes que j'ai pu m'habituer à utiliser, pour mon bien sans doute ? Si je m'écoutais un peu, alors je verrais que mon lit est sans doute le plus petit espace de détente que je puis libérer dans mon imperméable vie. Ce qui me vaut la peine d'être détendu, ce n'est pas mon travail, mon caractère, ma personne, que je résumerais en tout ce que les autres peuvent bien penser de moi et ont la sagesse de me dire, non. Ce qui me vaut la peine d'être détendu, ce sont ces habitudes, la plupart d'entre elles inconsciemment réalisées. Je suis monsieur, madame, mademoiselle, jeune homme, jeune fille, enfant, petit, bébé. Voilà comment je puis me représenter, ce que nous nous devons tous d'être. N'est-ce pas la prison ? Si j'y suis obligé, alors c'est que je suis enfermé, que je me suis enfermé dans une boîte, une boîte dont je ne peux même pas citer le nom, une archive peut-être ? Ou alors encore mieux, une affaire urgente, à réaliser dans les plus brefs délais. Ce qui est incroyable, c'est que je mets aussi ma personne, mes envies, mes rêves dans des boîtes. Cependant, celles-là, ce sont celles que je laisse dans le grenier, dont je préfère ne pas m'encombrer, afin de les rouvrir plus tard, lorsque j'aurais le temps. Ce temps-là, jamais je ne l'aurais. Sauf peut-être si je le prenais, si je me décidais à l'utiliser. Mais qui est là pour nous dire de ne pas perdre notre temps ? En tout cas, ceux qui nous le disent ne sont pas là pour réaliser notre épanouissement, ils le font sans doute à leur propre

avantage. Celui qui gagne, ce n'est pas vous, c'est lui.
Avez-vous besoin de lui en vouloir ? Pourquoi ? Parce
que lui a choisi de mettre son temps à profit d'autres
boîtes, peut-être plus importantes ? Ou alors n'est-il
tout simplement que celui qui a assez donné de son
temps pour devenir quelqu'un de plus important, et
utilise à présent son temps à des fins plus modestes,
ou plus importantes encore, ne faisant que
s'emprisonner dans une boucle qu'il n'a pas décidé
d'arrêter ? En fait, j'ai simplement décidé. Décidé
d'arrêter. Lorsque l'on dit stop, lorsque l'on s'arrête,
soit on perd la tête, soit on la redécouvre, et après
avoir vu ce qui se cachait réellement derrière, cette idée
qui nous trotte, et que l'on décide de mettre en
œuvre, alors ce ne sont plus ces boîtes que l'on
rassemble dans note grenier, mais bien notre maison
que l'on redécouvre, et que l'on décide simplement de
ranger.

La priorité. Voilà une œuvre bien engageante.
Cela confronte l'idée du choix. Si l'on décide de faire
quelque chose, on décide de ne pas faire toutes les
autres. Et ceci est de la logique. Si je m'amuse, je ne
travaille pas. Connaissez-vous cette idée ? Je la trouve

très intéressante. A vrai dire, je la connais depuis mon enfance, c'est peut-être d'ailleurs une des premières idées auxquelles j'ai dû me confronter. Ne trouvez-vous pas cela paralysant ? Le travail serait sans doute l'opposé de l'amusement ? Mais qu'est-ce que l'amusement ? Quelque chose qui nous fait plaisir ? Quelque chose que l'on aime faire ? Eh bien je dirais même très intéressant. Car dans ma propre vision des choses, selon ma méthode, le travail est la réalisation concrète de ce qui nous plait, et à laquelle on obtient de l'argent en échange, de la monnaie. Ceci devient à vrai dire frustrant lorsque l'on est habitué depuis toujours à quelque chose. Si je puis sans doute revenir sur l'idée d'habitude citée précédemment. Pour cela, je vais utiliser ce que nous avons de plus fondamental dans notre langue, son étymologie. Le sens premier du mot travail vient de tripalium, représentant un instrument de torture. Ce que nous devons comprendre est très clair, nous souffrirons durant quarante ans de notre vie. Bien, maintenant revenons-en à ma vision des choses, on ne peut plus moderne. Ce que j'exprime réellement est la passion. Dans ce cas nous pourrions obtenir un travail-passion. Une passion qui se rémunère, tout simplement. Alors, si l'on ne peut pas travailler et s'amuser en même temps, autant choisir celui qui nous permettra de vivre. Si chaque passion devenait une idée, alors un travail pourrait être mis en œuvre afin de rendre cette idée passion rémunératrice. Elle deviendrait à son tour un travail-passion. Le fait est que l'on ne peut vivre constamment dans un monde qui nous déplait, auquel nous ne pouvons réaliser ce qui nous nourrit pourtant chaque jour. Car le meilleur moyen de détruire une œuvre, c'est de limiter ce qui lui permet de se construire. Si cette œuvre devient plus faible, alors elle ne pourra pas à son tour enchanter ceux qui la contemple. Sauf que cette œuvre est différente de toutes les autres. Celle-ci est unique. Nous sommes tous, chacun de nous, une œuvre qui n'attend que d'être contemplée pour ce qu'elle est réellement, ce qu'elle peut fournir comme émotion. La vie de chacun d'entre nous en dépend, et cela rend chaque journée passée sans contemplation un peu plus difficile. Car même si l'on peut se contempler soi-même, il ne faut jamais oublier qu'un mouvement perpétuel ne peut exister, ou pour le moins être de ce monde. S'il y a un peu de plaisir à offrir, l'objectif est de le fournir avant que nous ne soyons à court de contemplation.

Il fallait avant tout que je connaisse les difficultés qui me sépareraient de mon entourage familier. Connaître ce que le monde désigne arbitrairement de telle ou telle manière. Je devais m'habituer, me transcrire une personnalité au travers de ces difficultés quotidienne que je rencontrerais. Quel indomptable félin qui vient m'agresser au-delà même des limites qui lui étaient proscrites. Puis-je être insupporté, sans que l'on ne me regarde de telle ou telle manière ? Ce qui était sûr, c'est que je pouvais garder le silence, du moins, sur ce qui leur apparaissait d'une évidence indéniable. Certes, je le suis, mais pas plus que celui qui se prosternera par la suite à ce rendez-vous funèbre. On peut sentir cette nuance, cette vague appréciation qui fait toute la différence, car sur un ordinateur, on en note des choses. Je rêvais, j'essayais de me plaire au jeu, d'y participer pour le moins, pour le peu. Je virevolte au-delà des nuages, le vent m'emporte et je suis accablé, mais je reste en mouvement, telle la plume qui ne se serait pas encore laissé prendre par l'insoupçonnable gravité. Pauvre vérité. Là je puis dire que je me mourais. Mais dans cette emprise, rien ne laisse place au doute, ou plutôt tout. Tellement douteux que le mur se grandissait de lui-même. Oui, pauvre vérité. Jeune homme, tu perds la confiance, mais si jamais tu gardais la méfiance, tu risquerais d'en être sauvagement bousculé. Perte de connaissance, voilà où on en est. Je ne peux plus vous laisser dire que je suis gai, car l'innocent sourire qui me grandissait finit par s'estomper dans la frayeur qui soudainement m'entourais. Je n'avais pas peur, mais la déception est plus souvent dangereuse que l'inconception. Si je ne peux me contenir, je peux cependant vous le dire, car dans la douleur qui nous entoure parfois, la plus grande révélation est celle qui vous interpelle telle une contemplation. Si je pouvais revenir sur mes pas, je n'allais cependant pas revenir à mon point de départ. Je devais, comme à mes habitudes, composer avec l'inspiration que l'on m'avait adressée, et déçu parfois, cela rend le chef d'œuvre plus monumental. Dresser le portrait d'un homme ombragé par l'influence de ceux qui tentaient de le classer, et malgré eux, n'avaient pas l'obligeance de tenter de réellement comprendre ce qu'était de la volonté. Ce qui nous rend tous suspect, c'est que l'on ne peut préserver ce que l'on doit accorder, cette confiance à l'aveugle, alors que certains ne demandent qu'à aider, qu'à donner. Mais le plus horrible dans l'histoire, c'est la peur, la peur de recevoir ce qui ne peut être qu'utile, utile à la vie, et on se le voit détourné de notre regard. Par crainte. Si tu ne peux pas accepter le don, tu ne pourras pas accepter l'offrande, tu ne pourras pas accepter le pardon, tu n'accepteras jamais le doute, celui qui peux te donner la vie, sensé te donner la mort ? Je ne te demande pas d'essayer, je te demande de comprendre, puis de juger, avec ce qu'il y a en toi, car ce don, jamais je ne le referai, et si cela devait te coûter la vie, alors oui, aujourd'hui, tu l'aurais perdue, et sans aucuns regrets.

Je n'ai jamais vraiment su qui j'étais. J'ai toujours préféré me cacher derrière différents visages que je contemplais moi-même au travers de mon personnage. Je privilégiais certaines réactions, certaines réponses, et même, très souvent, certaines pensées. Car effectivement je pensais que tourner ce que j'étais réellement en dérision me facilitait l'acceptation des autres pour ce que j'étais réellement. Cependant cela s'avéra inefficace. Alors je me plaisais à dire, à me moquer, à donner une certaine image, que je pouvais voir briller, si seulement avait-elle était réaliste. Celui qui râle, c'était moi, celui qui critique, c'était moi, celui qui sourit, c'était moi aussi. Mais beaucoup de choses changeaient, beaucoup de choses se bousculaient en moi, j'étais apeuré à l'idée de me délivrer. Car ma prison, c'est bien moi qui me l'avais créée. Elle était pourtant si splendide que je n'osais pas la menacer, la critiquer, elle. Mais où était la vérité, avait-elle vraiment envi elle aussi, de se laisser prendre à ce petit jeu sociétal dans lequel je m'étais terrassé ? La vérité n'a pas de prix. Lorsque je pense à ce que je suis, je n'ai aucune idée, aucune qui ne sorte pas de mon imaginaire si familier. Je l'aime, cet imaginaire. Car dans le monde, celui auquel je suis rattaché, je ne peux pas dire, je ne peux pas m'exprimer. Même si je n'étouffais pas pour autant, j'étais apprivoisé, et c'est à cela que je ne pouvais me défaire. Alors mon monde secret me repêche, et lui, il n'attend qu'une seule chose, créer, créer avec ma personne, la seule qui soit vraiment digne de répondre à égalité avec ce que je suis, mon essence humaine. Si mon humanisme ne peut se représenter au travers de mon personnage, c'est peut-être du fait que mon personnage n'a rien d'humain, il est artificiel. Alors comment créer, comment donner de soi lorsque ce que l'on donne ne fait pas partie intégrante de soi ? Pourtant, et cela s'en va comme une implacable vérité, mon être se donnait à cœur joie d'envoyer des signaux, des alertes au monde alors que celui-ci ne pouvait les apercevoir. Le seul moyen d'apercevoir ces signaux était d'être vrai. Cela peut paraître absurde, mais j'ai bien compris que j'étais loin d'être le seul dans cette position. Alors me voilà, encore une fois, et à maintes reprises, comme une entité éphémère, sans la moindre notion d'humanisme. Ce qui est drôle dans tout ça c'est que je me retrouvais confronté à obéir à une loi qui faisait de mon personnage un humanoïde sans doute. Car nous devions nous confronter à l'humanité, nous devions l'aider, la comprendre, sans moindre idée de ce qu'était l'humain, être si particulier. Je percevais des choses qui me frappaient les yeux, des cours de sciences humaines, que cela voulait-il bien dire ? Je me doutais que nous n'allions pas comprendre ce qu'était l'humain, mais dans ce cas, pourquoi lui donner le nom de science ? Nous étudions ses comportements, et surtout, ses bons comportements. Lesquels, me diriez-vous ? Je ne sais pas. Je ne savais pas et je n'ai jamais su. Enfin, il y en avait d'après ces sciences, mais j'avoue que je ne pouvais comprendre ce qui leur donnaient leur légitimé. J'ai compris que l'on étudiait les humains au travers de leur histoire, de leurs expériences, mais dans ce cas, pourquoi devions-nous comprendre ? Il n'y avait rien à comprendre, mais tout à apprendre, là était la réelle différence. On ne peut comprendre les comportements, on peut simplement les apprendre, puis voir ensuite comment nous, nous pourrions réagir. Mais encore une fois, il ne peut y avoir de bonne réaction, simplement de bons choix, de bons entendements. J'ai tenté, ou plutôt voulu me libérer de tout cela. Il n'y avait rien d'humain dans mes comportements, mais lorsque je vivais dans mon monde, alors j'apprenais à vivre, à me libérer. J'ai tenté de réaliser une chose qui venait de ce monde. Et à ma plus grande surprise, j'ai pu vivre, une nouvelle fois. La seule chose qui avait changée, c'est simplement que mon monde avait fusionné avec le nôtre. J'ai compris que je ne pourrais plus jamais vivre comme avant. Enfin, si je suivais ce qui me rendait libre, je pouvais être certain que j'arriverais à vivre, au-delà même de ce que mon monde a de si merveilleux.

Au paradis je meurs. J'ai longtemps reçu cette petite lumière qui me permettait d'éclairer toute mon existence. A présent que le monde s'éclaircit, je suis moins tourné vers cette belle étoile, mais elle reste coincée dans mon corps. Je ressens ses pulsations, mais je crée les miennes. Je forme un tout à partir de tous ces éclats. Lorsque je tourne mon regard vers ceux qui m'entourent, je m'aperçois que ma vie n'est que cette unité que je tends si bien que mal à rendre chaque jour un peu plus solide. Pourtant mon cœur se brise maintes et maintes fois, que je n'en trouve plus toujours la force, si jamais mon but était de la chercher. Cependant, l'instant qui me rend vivant, lui ne meurs jamais. Car peu importe l'importance qu'il me révèle, il me révèle, et j'en suis révélé. Là parfois je perds mes repères mais jamais sans affronter mon moi. Je suis là, je veux être admiré, n'est-ce pas ? Mais je suis là pourtant. Certains me regardent avec un air de supériorité, d'autres avec un air sympathisant, d'autres avec une appréhension, cette appréhension de ne pas être à la hauteur. Si je parle ici des fumées qui se dégagent des cheminées des villages, je n'en vois qu'un brouillard, et j'en suis brouillé. Car chaque humain que je croise s'attache à mon esprit, et je n'en perds jamais la couleur. Vif de sang, rouge d'espoir, je voudrais bien croire à l'Amour. J'y croyais, puis je pensai que je n'y croyais. Et cela fini par une croyance, mais une croyance qui changeait. L'Amour lui est bien présent, mais je ne le regarde qu'avec un seul œil. Je n'étais pas présent, même si je voulais bien le croire. Difficile de décroire une croyance qui s'était implantée, n'est-ce pas ? Peut-être bien. En tout cas, là ne présentait aucune peur, aucune. Seulement cet amusement, de percevoir, puis ce sentiment de tomber de haut, très haut, si vaste et si destructeur. J'avais pu pénétrer mon cœur. Et je n'en étais qu'au début. Je devenais de plus en plus malheureux, de croire que je ne pouvais réaliser le désir, de croire que les autres, en désirant peut-être plus, en étaient peut-être mieux préparés, mieux cuisinés par leurs réalisations. Peut-être étaient-ils mieux que moi ? Je n'en avais pas peur, non, mais j'en étais effrayé. Cette goutte de sang que je versais, je la voyais, je l'entendais, je la sentais. Qui donc pourrait me comprendre le mieux ? Je ne voulais que vivre, réellement, découvrir ce qu'était la vie. Je croisais et recroisais encore, et c'est lorsque soudain j'en avais envie, que cette histoire pouvait prendre forme, que je devenais heureux, que ma vie se vidait à cœur joie. Peut-être était-ce une erreur ? Mais la vie est faite d'erreurs mon ami, et si ça je ne l'avais pas encore tout à fait compris, il y en a qui ne le comprendront jamais. Malheur à eux, ce pauvre malheur qu'ils nous donnaient, pensant bien faire, puisque tout le monde sait que nous évoluons mieux dans un environnement obscur, en se solidifiant. Je connaissais beaucoup de monde à vrai dire, mais tellement que je ne pouvais que voir ceux qui succombaient à cette splendeur. Tellement obscur qu'ils s'obscurcissaient, tellement obscur qu'ils ne pouvaient tenir, et tombaient. Certains ne se relevèrent jamais, d'autres le firent. Et savait-vous ce qui les attendait, à ceux qui se relevèrent ? Certains détruisirent leurs rêves, d'autres détruisirent leurs enseignements, puis certains, dont la majorité, reproduisirent ces enseignements. Et cela, sans se poser la moindre question, celle qui leur aurait rendu leur seule et unique liberté.

C'est alors que je me vidais de mon sang, mais il se reconstruisit sans cesse, qu'à cela ne cesse. Je voulais croire en un avenir meilleur, heureux, si paisible dans mon idéal, car oui, j'ai toujours cru à mon idéal, et c'est sans doute ce qui me réalise le mieux. Je ne suis cependant pas un idéaliste, que penser d'une forme à priori merveilleuse, si je ne pouvais jamais que la contempler spirituellement ? Les formes, si elles ne paraissent pas réelles, se déforment alors en un idéal qui ne peut se former, et sans jamais vous en donner l'impression. Je cherche ce qu'il y a de mieux, de plus vrai, en vain bien sûr, mais en tout cas je cherche. Je ne vis qu'avec mon espoir, et il me le rend bien. Je ne suis vide d'espoir, car sans lui, oui peut-être que je ne suis rien. La ville de mon cœur ne se cache pas dans les allées, elle s'en construit elle-même. Je peux l'apercevoir, mais si je ne lui donne pas de formes, alors elle ne m'apparaîtra jamais. Je l'écris, la décris, et même la transforme. Lorsque j'entends ces chants merveilleux qui se répètent, je comprends souvent la venue de la fête. C'est à mon ami que je le dois, et à mon esprit que je remercie. Suis-je toujours heureux ? Sans cesse, mais j'évolue, et à cours d'idées, je tue mon imaginaire pour le rendre de plus en plus vrai. A ce que l'on en dit, à vrai dire, pas grand-chose. Mais on le retient. Et lorsque des années plus tard, on me dit tiens, rappelle-toi de ce que tu me disais, alors c'est à ce moment que l'espoir renaît. Car l'imaginaire se partage mon ami, et je le partage avec toi. Je ressens toujours ta puissance car elle améliore ma vie, et la rend plus joyeuse, plus variée. Tu fus celui qui me donnas l'inspiration la plus profonde, et sais-tu qu'aujourd'hui, je le pénètre encore ? Elle est infinie, et j'en suis fier de la redécouvrir encore et encore, de fond en comble, jamais. Je ne vois que le soupçon d'incertitude qui m'observe. Et saviez-vous ce que je lui dis, qu'il m'observe celui-là, moi je ne le vois pas. La peur ne peut se résumer. Je n'en vois ni le début, ni son extrémité. Je perçois parfois des alliances, mais elles se vident presque toujours de sens. Personne ne peut contrer tout seul son propre mal, mais en essayant, on risquerait de se faire encore plus mal. J'en vois le début des aspérités. Si je ne m'étais jamais fait mal, je n'aurais jamais réalisé mon rêve, mais là n'est pas une généralité, car mon monde, si jamais vous ne le saviez, reste toujours en parfait état. Il ne se perd jamais. Il peut être parfois luxueux, merveilleux, impétueux, mais jamais ne disparaîtrait. Imaginez simplement, un rêve, une vie, un monde entier, que l'on observe, et qui se dénie d'un seul coup de toute sa réalité. Rien de plus irréel. Mais si l'imaginaire peut en faire autant, alors laissez place à cette réalité, car elle n'en a plus pour très longtemps.

SILENCE, ÇA TOURNE

J'ai voulu rêver une nuit, et cette image ne put disparaître. J'étais ensorcelé par mon esprit, tellement d'imagination qui finirait sans doute en prosternation. Lorsque je me sens seul, vide, non pas cette sensation de finesse qui nous rend libre de toute oppression, mais ce vide intérieur qui me fait perdre ma destination, alors j'imagine un monde. J'imagine parfois ma situation, une situation dans laquelle je me trouverais si jamais j'optais en ce sens de libre vivacité. Cependant, même mon monde se trouve trop parfait. Je ne pouvais que me morfondre dans la douleur qui m'entourait. Je n'arrivais pas à laisser libre cours à ma destinée, sans cesse en train de la tracer, je l'imaginais, je la vivais, puis je m'en allais. Où était la vie me diriez-vous ? Je ne puis la voir non plus. Mais cette peur, insensée, cela ne pouvait être la peur, celle qui m'isole, qui me défend aussi, celle qui me cache. Je pensai vaguement que mon état se pouvait d'être amélioré, mais qu'en était-il ? En l'imaginant bien évidemment, c'est alors que je me perdis. Je ne perdis pas mon âme, pas mon corps, mais je laissai mon cœur en dehors de tout cela. Si bien qu'il pouvait me regarder durant des heures à jouer cette comédie, qui selon lui n'était pas si hilarante qu'elle aurait dû l'être. Trouvez-vous cela drôle ? Amusant ? Distrayant peut-être ? Pourquoi est-ce toujours mon cœur qui s'isole ? Lui sans doute avait peur. C'était lui, oui, cela ne pouvait venir de moi. Et même si à présent je me rendais compte des erreurs qu'il avait pu commettre, je ne lui en voulais pas. Car c'est lorsque je rêvai ma vie, cette nuit-là, que je compris que mon monde ne pouvait s'en trouver qu'à l'intérieur. Bien Monsieur, désirez-vous autre complaisance ? Quel idiot encore celui-là. Tais-toi et vient. Mais je suis toujours avec vous Monsieur. Très bien, alors laisse-moi seul. Voudriez-vous vous diviser vous-même ? Ceci est très inquiétant Monsieur. Quelle division ? Pourquoi me parlait-il d'une division ? Je me sentais pourtant très bien, j'étais seul simplement, voilà tout. Si je voulais bien ouvrir les yeux, non pas ceux de mon âme, mais ceux de mon esprit, alors je pouvais apercevoir ce que jamais je n'avais pu contempler dans ma vie antérieure. Le vois-tu ? Est-il présent ? L'était-il ? Vif de sang et rouge d'espoir. Voici donc votre cœur Monsieur. Monsieur ? Êtes-vous toujours avec moi ? Mais que se passe-t-il ? Je suis Monsieur, il n'y aura plus jamais de vous, plus jamais de toi, mais un seul et unique moi, pour la vie, et à jamais, bienvenu dans mon monde éclairé.

A présent, le changement fit surface, la venue des quatre coins du monde d'une divine révélation, l'espoir nouveau que je me représentais, pourrais-je autant le représenter ? Cette nouvelle étape fit de moi non pas quelqu'un d'ordinaire, non pas une personne extraordinaire, mais une âme apaisée, était-ce la première fois, qui pourrait le dire ? Je reprends le contrôle dans un contexte qui change, qui bouge, et parfois je sens le navire tanguer, mais jamais mon esprit changer. Le cas d'une figure inconsciente, le cas d'un emblème subconscient, d'une voie, d'un chemin, d'une allée peut-être, qui scintille devant moi, m'a fait changer de direction d'une manière déconcertante. Était-ce de trop ? Que l'on vienne me dire que rien n'évolue, que les mentalités s'ancrent, rien qu'en exprimant cela, l'esprit virevolte et fait face à une triste réalité : la vie, c'est la vie. Tu ne seras jamais comme avant, parce que hier, tu n'aurais jamais pu prétendre ce que tu serais demain. De toute évidence, le passé joue avec l'avenir, et inversement. Mais qui joue avec le présent ? Qui le construit ?

Comment tient-il tout simplement ? Le présent est indétrônable, il est le caractère central de notre humanité, de notre vivacité, expérience mal partagée. Je suis le présent, vous l'êtes aussi, mais que vient faire la société dans cet aspect si sordide de l'humanité, et du vivant dans son ensemble ? Ce qui vit est régi par le présent, ce qui vit fait corps avec ce qui vit aussi. La société, ne serait-elle qu'une particularité du présent, ou pourrait-on qualifier la société d'interaction présente ? Notre société est humaine, dans un monde qui est lui-même terrestre. Le présent est le moteur de cette société, le moteur de notre monde. Rien n'est plus important que le présent, dans notre vie, dans la vie de chacun, chaque individu, chaque être, le présent est ce qui fait de lui, lui, tout simplement. Si je suis la personne que je décris, alors je la serai toujours. Je l'étais du fait que je l'ai été, je la serai du fait que je suis. Mais ne croyez tout de même pas que cela puisse s'arrêter ainsi, le changement si présent dont je vous parlais au début de cet écrit, n'est que le reflet de ma personne au travers d'un contexte social et environnemental complètement nouveau. Si je décide de reprendre le fil dès à présent, c'est qu'au final, je me devais de le faire, il était temps. Le temps intervient, le présent y compte bien. Cependant, dans un monde où chaque aspérité reste convenable, je me dois de respecter au moins une chose : mon droit d'exister. C'est le véritable changement. Je n'existe que si je le décide, et pas autrement. Ma volonté peut m'empêcher de décider, elle peut être provocatrice, elle l'est. Et si je devais retenir une dernière chose entre moi et le passé, c'est qu'aujourd'hui, hier n'a jamais été.

Il se peut que l'on perde le chemin, dit-on souvent le droit chemin. Mais qu'y a-t-il de droit dans ce monde ? La naissance d'un fragment de perspicacité ne te fera répondre qu'au moment de la venue de chaque être, aucun de nous ne pourra à jamais connaître l'issue d'une vie droite, d'un comportement droit, d'une ligne droite, d'un univers droit. Si lui aussi nous éparpille, éparpille nos idées, nos sens et nos concepts, c'est qu'en lui la notion de droiture est plus absurde qu'aucune chose qu'il ne puisse créer. Le chemin n'est pas une destinée, il nous destine à aimer. Ce repère si fragile écarte mes mots tel que le sang si torride qui appâte les fauves avec une lueur expressive, dis-leur. Non jamais, non je ne l'ai été. Tu sauras au moins une fois, que la vie dans mes pas se garde de verser aux larmes leur bon vouloir, et qu'elles en soient rassasiées ou bien encore plus écartées d'elles-mêmes. Je ne peux garantir que le monde ne se perde à travers moi. Car si j'en suis moi-même perdu, j'en ai pourtant goûté l'essence au travers de mes pensées, de mes repères absurdes, de mes idioties évidentes, de mes amours acharnés, et de la violence de leur acharnement. Que l'on viole un chemin, que l'on garde un chagrin, je ne serai jamais l'évidence, encore moins la pertinence, pourquoi pas un contresens ? Puisque le chemin que l'on m'a tendu m'a brisé, m'a cassé, et jusqu'à me détériorer. Et je file et je file, je me défile, je m'autorise la ringardise, enfin peut-être suis-je encore trop ancré dans vos supériorités valorisées par notre société, par la cassure d'une brèche qui ne venait que de naître afin d'être déchue de ses fonctions, peut-être. Et là, là à présent je suis las. Pour le peu, pour le moins. Suis-je heureux ? Garde à vous ? Prenez vos armes, et battez-vous. Merdier je dis. Surprenant je le redis. La convalescence, et puis j'en perds mon essence. J'y perd mon estime, la confiance, était-elle d'une force, si torride et impunément agressive. A certains moments j'aimerais que l'on me libère. Avant que vienne l'hiver, pour plaire. Car dans la douceur d'une brume, la lourdeur d'une neige, l'insouciance revient, les volontés se réaniment, et que vivent les joies partagées, peu importe si des malheurs viennent tout saccager. Car dans mon monde, rien n'est parfait, que la simple image que je m'en fais. Et si tout cela devait rester aujourd'hui un monde parfait, alors j'aurais au moins le mérite de croire que l'avenir ne pourrait se perdre que si la perfection devenait décadence. Qui prie pour l'honneur ? Qui fait surface d'univers effroyablement inféconds ? Que la pierre qui prône le monde soit la pierre qui m'isole de ce même monde. Déracinez les aïeux, accommodez-vous du belliqueux hommage, celui qui ne dure qu'un temps, mais qui de par le présent, prend l'ampleur d'une idée démagogique. Car le droit chemin que vous cherchez vous trahira, il le restera, infécond. Connaître ce qui est nécessaire de connaître, apprivoiser les mots, s'autoriser les maux, expliquer au monde tout ce que vous connaissez de lui, et tout ce qui se cache dans votre esprit. Vous l'êtes tous, nous le sommes tous, humains et humains et humains, à prendre ou à laisser. Nous gagnons dans un univers si fécond que nous sommes les seuls à le savoir. Et sachez répondre, prendre de l'assurance n'est pas partir en vrille, briller comme une ampoule trop éclairée. La réponse que l'on cherche au niveau des marées se cache peut-être au niveau de notre esprit, celui qui se trouve dans nos têtes assoiffées de savoir, de découvertes de nouveaux et nouvelles péripéties. Et prendre le large, pourquoi pas ? Mais pourquoi pas les amis ? Vu que je ne suis plus dédoublé, plus rien ne pourra m'arrêter. Car je suis à présent, et pour le présent, moi-même, et je ne pourrai que le rester. Je virevolte, je m'arrête, mais sans tomber, tomber dans l'oubli, la perte et les funérailles. Et je rends hommage pourtant. Chaque jour où je me relève, chaque jour où nous prenons conscience que notre monde nous appartient, que nous sommes ici pour bien des raisons, mais une seule suffit à comprendre que nous nous devons de perdurer, c'est que notre rareté, inimaginable à notre échelle humaine, mérite la plus grande reconnaissance de notre part. Celle-ci sera d'accepter notre individu, d'accepter nos différences, de prôner l'insouciance, oui, et je persisterai à le dire, car l'enfance nous détermine et malheureusement, heureusement que nous puissions le savoir, le reconnaître, nous, notre être. Au début parmi les dizaines, puis les centaines, puis les milliers, puis les dizaines de milliers, puis les centaines de milliers, puis les millions, puis les dizaines de millions, puis les centaines de millions, puis le milliard, et enfin les milliards, et ne s'en finira pas de voir comment s'étendra l'exponentialité de nos unités toutes éphémères qu'elles sont. Cependant attention, car il se peut que l'on perde le chemin, il suffira alors simplement de regarder droit devant, là, tout se ressemble, et c'est ça qui unira chaque unité. Peu importe la qualité de chacun, car le flux malheureusement, heureusement nous emporte, et loin devant, nous pourrons avoir l'impression que l'on s'envole, droit comme l'horizon, peut-être est-ce cela, le droit chemin.

Et puis je tombe, dans cette incessante souffrance, comme une parade ensorcelée. Je meurs. Car au fond d'un être tel que je le suis, rien ne vient en fin de combat, rien que mon être, et toujours aussi seul. Je le suis, je l'avais prévu, je le sentais, je le vivais, je le voulais, mais je m'empêchais, je fusais, je voyais … Elle m'écartèle, me le fait sentir, et tombe, tombe, tombe, et au lointain paysage, je ne garde que l'image du naufrage, oh naufragé. Je ne sais pas qui je suis et je ne l'ai jamais su. Je désir tout, et à chaque instant, je m'enferme dans les décombres de mes peurs, de mes effroyables cécités. J'ai peur, et depuis le début. Tout vient à terme, non pas ma vie, mais l'amour que je lui porte. Ce dont j'ai peur, c'est de ne jamais être la personne que j'ai été. Je vois au loin, j'aperçois en toutes bonnes volontés. Mais qui saurait me le dire, qui me le dira ? J'attends le jour, j'attends la minute, la seconde. Car au loin rien n'est certain, tout se floute, tout disparaît, comme si rien n'eut jamais été. Lorsque je pleure, ce ne sont point des larmes qui tombent de mes joues, mais du désespoir. Il y a tellement d'espoir en moi, qu'il m'est nécessaire de l'évacuer. Car tout le monde le sait, trop d'espoir tue l'espoir. Le voici le nouveau venu, la naissance d'un être si cher à mes yeux, si écœurant aux yeux des autres. Mais si faible, oh si faible, arrêtez, arrêtes, toi tu le sais. Si jamais n'avais-je ne serait-ce qu'été. Une envi en fait grandir une autre. Et las, si las, si long à la détente, que je ne peux plus rien suivre. Toujours à l'arrière du wagon. Mais je ne peux perdurer que lorsque je me trouve devant. Comment faire ? Le monde est si injuste parfois. Et mes mots, je les écris.

SILENCE, ÇA TOURNE

Je les vis. Car j'aime vivre, je me plais à vivre, chaque minute et chaque seconde, que je ne m'en rends compte. Au fond, je ne me rends jamais compte de rien. Rien au monde n'est trop parfait pour moi, fort heureusement, et malheureusement je meurs. Je cris. Mes âmes ont appris la justice, mes futurs justiciers. Aidez-moi, je vous en supplie ! Oh diable la vertu de mes actions, je m'en torche l'orifice si profond de toutes les incohérences qui existent et qui perdurent encore au travers de mon corps, de mon âme, blessée, elle l'est. Mon âme est armée. Avant, elle ne l'était. Avant, je voulais être, maintenant je suis. Et je prie pour que le monde en pleure autant. Autant de sulfureux messages. Je me répète parfois, souvent. Et de temps en temps, j'arrête de caricaturer mon image, ma personne, quel outrage que de penser que je ne suis qu'un. Je suis plusieurs enfin. Même si j'avoue avoir laissé monsieur, il me le rendra bien, j'en suis certain. Et l'amour vire au drame, à l'erreur, à la farandole de désespérance approuvée. Par le monde, par la société, par moi-même, moi aussi je ris, je me calcine, sans le faire exprès. Mais fort heureusement, malheureusement je réapparaît, au centre de cet endroit, j'y revis mes plus grands moments, les plus grandes parties de ma vie, de mon existence à tout prix, à n'importe quel prix. L'argent me revient, il est parfois le centre de mes attentions. Car une attention ne vient jamais seule, elle y amène ses amies, les autres. Imagination plurielle, imaginaires pluriels, et élévation des créations insensées, je peux dès à présent les voir, elles réapparaissent devant moi, elles sont toutes là, sans jamais être lasses. Le sang est une chose qui m'indiffère, et parfois je le préfère jauni, ahuri de ces comparaisons sans retours, je pleure la nécessité de garder mon souffle, pour ne pas qu'il me voit, qu'ils me repèrent. Et puis elle tombe, car elle a glissé, sa faute si elle s'est jetée de l'immeuble. Mais elle meurt elle aussi, je ne sais pas pourquoi. Mais je l'ai vu, à défaut de ne l'avoir entendue. Car la pluie ramène toujours le silence des âmes perdues dans les décombres de l'amour, cet apocalyptique mésaventure dans laquelle nous nous aventurons tous les jours, chaque minute et chaque seconde de notre putain de vie. Je ne suis plus seul, j'ai retrouvé mon ami, le seul et unique qui puisse à jamais me comprendre, l'insouciant chien errant, gardé par les portes de l'avenir et la serrure de l'épiderme, celle qui me protègera à jamais de l'étuve qu'est et que restera à jamais mon corps.

Inconsolable ? Oui, je le suis … vraiment. Je ne puis me défaire de cela, de cette vague impression, ce si vaste sentiment, et puis ces émotions, enfin, je le crois. Mais reste un moment, une seconde, un instant si insoutenable, qui peut faire bousculer un être tout entier. Non, je n'essaie pas d'être plus concis, plus précis, plus ludique, loin de moi l'expression fortuite et explicite, je ne veux rien. Juste toi. Tu le savais, dis-moi, tu le sais … Et je me perds, perdant mes repères, ces années, cette année surtout, importante, sans doute. Lorsque je m'imagine, le générique reste toujours le même, mais plus précis, plus complet, toujours plus spectaculaire, là, oui, je m'y retrouve. Je suis constamment perdu dans mes pensées, alors j'imagine que j'ai le droit, aussi, ou simplement le devoir, de vous y perdre vous aussi. Plus de marée, juste l'océan, rien autour. C'est quand je ressens le besoin de l'eau que je comprends que rien n'est perdu, car tout l'est. Je ne m'en déferai donc jamais, jamais plus, plus que je ne pourrai jamais l'imaginer. Où est donc le secret du miroir que j'ai en rêve, où est donc le rêve ? Dans cette réalité-là, je n'ai pas le rêve, le rêve peut tous nous avoir, il nous possède, mais quand j'y repense, je vois uniquement la lumière, la lueur, la compréhension, et oui, tout devient explicite. Car tu me transformes, tu m'impressionnes, et moi, je t'admire, peut-être finalement, ne le sais-tu pas. Mais je ne t'en veux pas, encore une fois, ta vie restera tienne, la mienne aussi ... Je voudrais cependant comprendre ce qui t'amène, qui t'a donc amené jusqu'à moi. Je n'en perds pas la tête, car celle-ci est venue jusqu'à toi, mais le cœur, l'as-tu retrouvé ? Je ne pouvais me décider, si jamais cela aurait pu être une décision, ou alors à ne jamais devoir prendre. Car peut-être que là le rêve ne pouvait que faire son apparition, pour me départager, ne crois-tu pas ? Car n'oublies jamais que c'est toi qui m'as obligé à reprendre mon écriture, l'écriture de ce livre, commencer un nouveau chapitre, encore, si ce n'était que le commencement, je ne pourrais le croire. Mais ma victoire sera tienne, je me permettrai d'entrer en toi, de te pénétrer tout au plus, car au final, on ne s'éternise jamais, seul l'Existence seule, le fait. J'aurais voulu, t'aimer. Et le sort en est jeté, ne t'inflige pas la souffrance, car je la mettrai aussi, au plus profond, là où nul ne ressent, ni la peur, ni ... la peur. Car seule, elle est unique, et son unicité fait ce qu'elle a de plus central chez l'Être. Mais ... l'Être ? J'en venais même à en parler, le vois-tu ? Je ne me tu. Point car si un point sans point n'est point, alors je me rendors. Et je me retrouve, fascinant et fasciné, comme toujours, je m'imagine, je t'imagine, et je les imagine tous, dans mon esprit, là où tu ne violeras point, là où je peux t'exorciser, sans jamais que tu viennes à m'embêter, car je serai seul, et t'y mettrai, à ma place. Si je ne peux vraiment pas te représenter, c'est que ton image m'est instantanée, bloquée, non pas parasité, mais voilée, c'est cela, tu te voiles devant moi, je n'ose pas te l'enlever. Mais si jamais tu évitais le regard, serais-je obligé de le repousser ? Je te veux, oui, et tu en es le seul, mais demain, tu ne seras plus. La patience n'a aucune limite, cependant, moi, j'en possède, à mon plus grand bonheur. Et si un jour le soleil se levant, vint à me décrire en l'esprit dont tu dépends, trouves mon ombre, au chemin de la nuit, car je serai toujours ici, le soir, les feux, et le vent. Je n'abrite pas le bien, je ne suis pas le mal, mais je crée le passage de ce cerveau infernal, et toi tu m'écoutes, toujours, tout le temps, et je remercie le seul être à en être plus capable qu'aucun autre. Mais vient un temps, et tu n'en seras jamais l'exception, où le monde te mettras sur les rangs, et où, détournant mon regard, tu te perdras, seul, dans la profondeur de mes déboires.

Je voulais un monde incertain, et j'en situe un, plus que certain, joyeux de penser que je me suis retrouvé, car en cet été de forte chaleur, le virage n'est pas à la hauteur. Je me remémore un instant, une lumière, mon sauveur. Au creux du jour, je suis souvent le bienvenu. Lorsque je tourne dans les recoins de mon esprit, j'en revient toujours au même point, au même lieu, celui dont je ne me sépare pas. Si le neurone suivant immobilise le précédent, je crois que le chemin tracé n'aurait plus vraiment le sens souhaité, si ce n'est, souhaitable. Prenant en compte toutes mes décisions, je me rappelle, je me souviens, tu me retiens, je ne te retiendrai plus longtemps. Et je perds le fil, que je ne manque pas de ne pas tracer, bien évidemment, car au soleil levant, le jour n'est qu'en construction. Si ma tour est éternelle, mon chien, lui, est insondable. Le manque à gagner n'importe peu, l'esprit du spectaculaire refera surface, de tout évidence. J'emporterai avec moi l'image du grand, de cette grandeur, absolue qu'elle est, oui, elle l'est. Déstabiliser l'océan, facilité, déstabiliser le continent, facilité, déstabiliser la Vie, ne peut être que facilité. Et aujourd'hui, je ne suis plus, car je serai, demain, non victorieux, mais heureux, simplement, de me dire que le rêve qui se prépare n'est que désillusion, à bon entendeur, de la vie qui m'a été donnée, et que je ne rendrai, jamais, pour le peu qu'il me reste. Dans un bonheur d'absolu concession, le ventre plein, je ne me plains point. Et demain, tu imagineras les possibilités, tu verras les capacités, tu comprendras l'inéluctabilité, dans ce vaste chantier, ces vastes terrains, ce sillon incertain, de la réalisation de ce que tu es, là où tu voudrais à jamais m'emmener. Je te dirais de m'y emmener, de me reproduire, à l'identique presque, ce que traiter avec la plus grande fermeté, l'imaginaire de ton esprit bien-pensant, pense-t-il bien, n'est-ce pas ? Car aujourd'hui, à cet instant, tu seras impressionné, oui tu le devrais. On ne peut imaginer qu'un monde, le vrai. Alors proposons nous de nous installer, là où le bonheur y est, là où tu veux l'emmener, là où tu l'apporteras, à jamais ici, dans mes bras, je t'aurais. Et si tu as peur, saches que ce n'est que le monde, que demain plus rien ne sera, que si l'avenir ne veut te le dire, c'est qu'il a peur, lui aussi, oui. Moi, je te le dirai, moi j'en reviendrai, de cet avenir, malfaisant tu dis ? Moi je te dis, implacable. J'en reviendrai, oui, aujourd'hui sera le moment, le jour, la minute et, la seconde. Imagine ... Les débris s'en iront, tout simplement parce qu'ils ne pourront rester. Être parfait, n'est pas parfaitement se comporter. Si tu veux, la porte s'ouvrira. Si je t'aide, ensemble, nous ouvrirons la porte. Si demain ne veut, nous, nous irons, demain, là où la Volonté nous portera. Tu utiliseras ainsi la Grandeur, non pas celle qui te fait grande, mais celle qui grandit en toi. Non pas celle qui grandit avec toi, mais celle dont la Force t'aura permis la création. Tu seras, oui, inéluctablement, tu deviendras, sans aucun doute, farouchement grande, je le pressens. Cela est plus que certain, je te situerai, à jamais, dans ce moment incertain.